EL HOMBRE QUE HABÍA VIVIDO DEMASIADO

GILVANIZE BALBINO

Por el espíritu

Pedro

Traducción al Español:
J.Thomas Saldias, MSc.
Trujillo, Perú, Abril, 2023

Título Original en Portugués:
"O Homen que viveu demais"
© Gilvanize Balbino Pereira, 2017
Traducido de la 1ra edición portuguesa

World Spiritist Institute

Houston, Texas, USA
E–mail: contact@worldspiritistinstitute.org

Del Traductor

Jesus Thomas Saldias, MSc., nació en Trujillo, Perú.

Desde los años 80's conoció la doctrina espírita gracias a su estadía en Brasil donde tuvo oportunidad de interactuar a través de médiums con el Dr. Napoleón Rodriguez Laureano, quien se convirtió en su mentor y guía espiritual.

Posteriormente se mudó al Estado de Texas, en los Estados Unidos y se graduó en la carrera de Zootecnia en la Universidad de Texas A&M. Obtuvo también su Maestría en Ciencias de Fauna Silvestre siguiendo sus estudios de Doctorado en la misma universidad.

Terminada su carrera académica, estableció la empresa *Global Specialized Consultants LLC* a través de la cual promovió el Uso Sostenible de Recursos Naturales a través de Latino América y luego fue partícipe de la formación del **World Spiritist Institute**, registrado en el Estado de Texas como una ONG sin fines de lucro con la finalidad de promover la divulgación de la doctrina espírita.

Actualmente se encuentra trabajando desde Perú en la traducción de libros de varios médiums y espíritus del portugués al español, habiendo traducido más de 280 títulos, así como conduciendo el programa "La Hora de los Espíritus."

Índice

¿Quién es Pedro?...8
Breve Relato..10
Presentación 11
De la Semilla a la Jatobá 13
   1.- Leyenda de la flor de la vida 14
   2.- La historia del canario. 16
   3.- Aprendiendo a vivir 18
   4.- La vida es simple..20
   5.- Reuniones en el cielo 22
   6.- Sombras y luz...24
   7.- La leyenda del valor...25
   8.- Equilibrio 27
   9.- Cuando esperar es la solución 29
   10.- No tengas miedo 31
   11.- Búsquedas e incertidumbres.................................33
   12.- En el momento correcto..35
   13.- La leyenda de las lágrimas 37
   14.- El valor de fe...39
   15.- Creer, el comienzo de tu descubrimiento...........42
   16.- Recomenzar, esperanza y fe 44
   17.- La leyenda de las mariposas 47
   18.- Pensando en Dios...49
   19.- Orgullo y humildad...51
   20.- Memorias del pasado...53

21. - Rendirse 55
22.- Elecciones y partidas 58
23.- Las preocupaciones de la vida 62
24.- Aprendiendo a sentir 65
25.- Soñar 68
26.- El verdadero valor: la vida 70
27.- El perdón y la corrección 74
28.- Esperanza 77
29.- Saber esperar 80
30.- El desapego 83
31.- La jabuticaba del viejo Pedro – aprendiendo a escoger 86
32.- Enfrentando los desafíos 89
33.- Hora de salida 93
34.- El tamaño de las cosas 95
35.- Enseñar 97
36.- Perseverancia 99
37.- La leyenda del trabajo 101
38.- Escuchar 104
39.- Espera el tiempo 106
40.- Prejuicio 108
41.- Valor 111
42.- Las estrellas en el cielo 112
43.- La verdadera riqueza 114
44.- La dirección del viento 116
45.- Las vaquitas 117

46.- Fruto de la esperanza ... 120
47.- Sacudida en la vida ... 122
48.- Solo mirar ... 124
49.- Ángel de Dios ... 125
50.- Bienvenido, Pedro ... 128

Suplemento ... 131
　La Misión de la Princesa Isabel ... 132

*"Hay diversidad de dones, pero el espíritu es el mismo;
diversidad de ministerios, pero el Señor es el mismo;
diversos modos de acción, pero es el mismo Dios
que todo lo realiza en todo."*

Pablo. 1 Corintios, 12:4-6[1]

*"Las palabras son como la brisa. Tienen dos objetivos: uno es
traer el aroma de las bengalas y el otro refrescar.*

*A veces, cuando hablamos demasiado, las palabras
se convierten en tormenta y
dejan de ser solo una brisa."*

Pedro

---

[1] Nota de la médium: Los textos bíblicos fueron tomados de La Biblia de Jerusalén, nueva edición revisada y ampliada. Paulus, São Paulo, 2002. Las abreviaturas utilizadas en las citas siguen las propuestas del mismo trabajo.

¿Quién es Pedro?

Pedro es originario del corazón de África, hijo de un rey de tribu, vivía en armonía con sus padres. Un sacerdote español se estableció entre estos corazones con el objetivo misionero de llevar el Evangelio de Jesucristo a aquellos lugares.

Fue con este sacerdote que Pedro y sus padres descubrieron el cristianismo y, en medio de sus creencias muy particulares y ritualistas, se convirtieron a conceptos cristianos.

Debido a una guerra regional, la tribu de Pedro fue invadida por un grupo enemigo de su padre. Sin piedad, después de un escenario triste y trágico, el sacerdote y sus padres fueron asesinados, y él, sin piedad alguna, fue vendido como esclavo a los comerciantes portugueses que comerciaban con mano de obra esclava con Brasil.

Después de un difícil viaje, llegó a Brasil, donde fue comprado por un agricultor y vivió en una finca hasta el final de sus días.

Al llegar, fue recibido por una vieja esclava conocida como Lina, quien lo crio, junto con un esclavo llamado Simón y una esclava llamada Morena. Más tarde se les unió una mujer blanca llamada cariñosamente Mamacita. Junto a estos corazones vivieron el sacrificio de ser extranjeros en una tierra inhóspita y, a veces, cruel, donde vencieron a los mártires del cepo, el hambre, la impiedad de muchos, la mentira, pero permanecieron fieles a una amistad de y para amar a Dios sobre todas las cosas.

Las amables manos de Pedro salvaron innumerables vidas, y sus limitadas palabras en finas letras se convirtieron en un himno de valentía para aquellos que habían perdido la esperanza e incluso la propia fe.

Las Posadas, como decía Pedro, fueron en realidad un gran ejemplo de acogida de los hijos de Dios abandonados en los caminos por donde pasaban, eran hijos de blancos y negros, rechazados en todos los sentidos.

Fue en estas humildes chozas donde Pedro enseñó el valor del amor, la división y, sobre todo, la paciencia demostrando sus actitudes de renuncia y amor a Dios.

Sin criticar a nadie y sin mentir, hombres y mujeres comunes y corrientes vivieron a su lado, y su amor incondicional los apoyó, a través de su conocimiento de una medicina a base de hierbas y su gran capacidad para dar a luz a los hijos de Dios.

Conocido por muchos, sin conocer a casi nadie, este ángel del Señor dejó una huella positiva en la Tierra, dejando constancia de la esperanza en los caminos que recorrió, del cariño en las caricias que ofreció a los sufrientes del mundo, sin pedir absolutamente nada a cambio y respetando la tierra, porque aunque tuvo oportunidad de poseer muchas fanegas, prefería llevar un puñado en el bolsillo solo para tener el simple placer de olerla.

Queridos amigos, las lágrimas en estos recuerdos no faltan para mí, por eso los cierro saludando a este gran amigo, porque a su lado es imposible no absorber sus enseñanzas.

Bernard

Breve Relato

Estimado lector, escriba este prefacio junto a muchos compañeros que comparten conmigo la emoción de abrir esta obra tan especial, y es un regalo del que no puedo prescindir.

Hubo muchos corazones que compartieron nuestras experiencias, pero Pedro es, para nosotros, el ejemplo vivo de valentía y resignación ante las impiedades que la vida les ha ofrecido, demostrando en cada sacrificio, una conexión de amor; en cada lágrima, el ejemplo vivo del perdón; en todo dolor, el silencio es alivio; en cada sufrimiento, servir sin mirar

No quieren; en todo obstáculo, la confirmación de la fe; en cada silencio, la certeza que la oración era su compañía.

Junto a Pedro, aprendemos el valor de una fe racional y el esfuerzo por llevar un mensaje de valentía a los hijos de Dios, que afrontan su vida buscando liberarse de sus miedos, sufrimientos o angustias.

En estas valiosas páginas encontrará las enseñanzas que experimentó un hombre sencillo que vivió demasiado, pero que fue grande en su sabiduría.

Cierro esta página saludando a este eterno amigo: Salve, Pedro, porque eres un hombre que vivió iluminando el camino, sirviendo al Señor y confirmando que el amor siempre vale la pena para quien vivió para Jesús, dejando vivas las enseñanzas *de un hombre que vivió demasiado*.

Ferdinando

Presentación

Amados amigos, abro estas páginas con el corazón feliz y sin omitir las lágrimas de emoción por realizar este sueño: traer las enseñanzas del gran benefactor y ángel de Dios, materializadas en este libro.

Pedro se presentó a mí cuando era niño. Es inolvidable su aparición cuando dijo que tendríamos un trabajo que hacer y que él no estaría ausente de mi lado, mostrando siempre el camino hacia Jesús, pero siempre respetando mi libre albedrío.

Junto a su mentor Ferdinando, Pedro se erige como magistrado celestial y siempre dice que mientras alguien llore en la Tierra, él estará allí para recoger el dolor y transformarlo en bengalas, que se reparten de mano en mano a las personas que asisten a nuestras reuniones evangélicas.

Y así, Pedro es hasta el día de hoy, distribuyendo en cada reunión de estudio del Evangelio un amor indescriptible por los demás, frenando la generosidad, calmando a las madres y padres que lloran las difíciles pérdidas de sus amores, dirigiendo a los jóvenes hacia la luz y, sobre todo, enseñando la dulce esencia del perdón.

Siempre demuestra amor sin prejuicios, liberación sin apego y enseña que la comunicación en parábolas sigue tan vigente como en tiempos del Maestro Jesús.

Sin exponer, juzgar ni ofender a nadie, Pedro irradia luz como el Sol cada mañana, así como brilla cada noche como una estrella viva bendiciendo nuestros corazones.

Por varias oportunidades y por méritos, Pedro ya ha sido invitado a subir a un plano mayor junto a la falange bendita de Nuestra Señora; sin embargo, con sentido de humildad, respondió que no podía abandonar la Tierra sufriente mientras una lágrima marcaba el rostro de un hijo de Dios, pues aquí sería más útil. Por ello, solicitó permanecer y trabajar con los equipos de Jade, bajo el liderazgo del mentor Henrique, y trabajando fielmente en el Núcleo Espírita Hogar de Henrique.

Estoy seguro que el cielo y la Tierra están de celebración, fueron necesarios más de diez años para lograr esta victoria.

Cuando mencioné que reuniría las enseñanzas de Pedro en un libro, mis queridos trabajadores y amigos se alegraron y se dedicaron a hacer que esto sucediera.

Son innumerables las personas que podría mencionar aquí, pero las páginas serían pocas; sin embargo, no puedo omitir el trabajo incesante de mis queridos Sergio Manzini y Marcelo José, quienes se dedicaron a traernos hasta aquí, así como mi reconocimiento al equipo por la Editora Vida e Consciencia, y la traducción del *World Spiritist Institute* que creyó con cariño y respeto en esta obra en su conjunto. A ti mi agradecimiento.

A Pedro, mentor de luz de mi alma, solo puedo expresar de rodillas lo importantes que son tus enseñanzas y espero algún día estar a la altura de comprender y practicar todo lo que me enseñas, que resumiría en una palabra: amor.

Con cariño,

Gilvanize Balbino

De la Semilla a la Jatobá[2]

Señor Jesús, Maestro de los hijos de Dios, aun aprendiendo en el suelo de las enseñanzas fraternas, sé para nosotros fuente serena cuando:

la noche trae sus tormentas y pesadillas; las aflicciones de los caminos quieren alejarnos del camino de liberación de nuestra mentes apegadas a la tierra; la sombra del dolor cruza nuestros corazones; el abandono destruye nuestros sueños.

Olvidamos que somos herederos del reino de paz y justicia construido por Dios; las lágrimas no nos dejan ver las alegrías de los pájaros que invitan a los trigales a bailar en el viento; queremos más de lo necesario.

Eleva nuestro pensamiento, porque la semilla de hoy aun no tiene el conocimiento de una enorme Jatobá, pero, con paciencia, trabajo, perseverancia y con la ayuda de la naturaleza, podrá, algún día, vencer las tinieblas de la tierra y aparecer frondoso ante el mundo, como creación vivificante de luz y misericordia de Dios.

Pedro

---

[2] Nota de la Médium: texto extraído del libro *Recuerdos del Otoño*, dictado por diversos espíritus el 1 de diciembre del 2000

Jatobá, árbol de hasta 7 m de altura, de copa espesa, tronco rugoso, hojas divididas en hojuelas ovales, lisas y coriáceas, flores en ramillete, de color amarillo claro, y fruto en vaina pardusca con varias semillas; su madera, dura y rojiza, se emplea en ebanistería.

1.-
Leyenda de la flor de la vida

"Tenemos que mirar la vida, mientras lo tenemos todo, la vida."

Pedro

Cierto día, en el cielo, nuestro Señor Jesús, al ver que el mundo lloraba, llamó a todos sus ángeles y dijo:

- Les daré a cada uno una tarea. Volverán a la Tierra y le darán a los hijos de Dios qué comer, así dejarán de llorar y ya no escucharé sollozos de sufrimiento, sino sonrisas de alegría.

Según lo definido, todos los ángeles fueron a la Tierra. Uno fue a plantar café; el otro maíz; otro jabuticaba y otro, naranja...

Regresaron al cielo sintiéndose felices y no se oían más sollozos de hambre.

Tiempo después, Jesús volvió a llamar a todos a escuchar los gritos que continuaban en la Tierra.

Los ángeles insatisfechos dijeron juntos:

- Señor, ¿por qué lloran?

Cada uno contó su tarea:

- Planté café.

- Planté maíz.

- Yo, jabuticaba.

- Yo, naranja para darles el jugo y la sombra.

Mientras tanto, en un rincón acurrucado, un ángel lleno de vergüenza lloraba suavemente. Jesús se acercó y preguntó:

- ¿Y tú, qué plantaste?

- Señor mío, solo planté una flor, porque ya no había lugar en la Tierra, ya que los hombres utilizaban todos los espacios para plantaciones de subsistencia. Ya solo quedaba un pequeño lugar para una flor - dijo el ángel.

Jesús convocó a todos los ángeles para que lo acompañaran a la Tierra, donde fue plantada la flor.

Allí, alrededor de la flor, había un círculo de niños cantando alegremente. Nuestro Señor mandó a todos que miraran a su alrededor y vieran que los hombres estaban recogiendo frutos, despreciando las plantaciones y volver a llorar de hambre. Mientras los niños, con sencillez, sonreían con la única flor:

- No basta con vivir para saciar el hambre. Los espíritus también necesitan la sencillez de la belleza para vivir. A veces los hombres quieren todo lo que no pueden tener y lo olvidan. La única flor que Dios le dio a cada uno y que si no la valoran la perderán. La única flor que Dios le dio a todos es la vida. Por lo tanto, cada uno debe valorarla, eligiendo bien qué y quiénes se pondrán a su alrededor, cultivando la belleza, la alegría y la felicidad de existir - dijo el Maestro Jesús.

Fue así como todos los ángeles regresaron al cielo llevando en sus corazones la leyenda de la flor de la vida.

2.-
La historia del canario.

"Pasamos la vida temerosos de los truenos y no vemos la belleza de la lluvia."

Pedro

En el cielo, un pequeño canario aterrizó en la manzana de Jesús. El Señor, mirando a aquel animalito, dijo:

- A ti te daré el don más grande que tiene el mundo, el canto. Cantarás día y noche, noche y día, para alegrar el corazón de los que lloran.

El pequeño canario miró a Jesús y soltó una lágrima que mojó la palma de su manzana. Amorosamente, Jesús preguntó:

- ¿Por qué lloras si te di un don tan hermoso?

El canario se lamentó y preguntó:

- Porque mi ojo es muy pequeño. Señor mío, no tendré una visión buena y precisa. ¿De qué sirve tener el don de cantar si no puedo ver para quién voy a cantar?

Jesús consoló al canario diciéndole:

- Bienaventurado el afligido que oirá tu cántico, pero no verá tu aflicción. Mientras alguien sufra, por el motivo que sea, cantarás y no tendrás que ver su dolor. Recuerda que el dolor es del tamaño de tu visión de la vida. Tu misión es simplemente cantar, sin juzgar, criticar las acciones o el sufrimiento de los demás, sino calmar los corazones en apuros. Así que vuela y canta por la vida, sin quejarte en vano. Ora al Señor para que tu canto sea siempre una oración, una enseñanza celestial y que tus ojitos continúen sin ver los desvíos de los hijos de Dios. Cumple tu misión: solo canta.

Así, el pequeño canario voló adornando los cielos, llevando en su canto la alegría de ver con los ojos del corazón, porque la aflicción y el sufrimiento son del tamaño de nuestros ojos.

3.-
Aprendiendo a vivir

"El viento que sopla en el norte es el mismo que sopla en el sur. Debes ser como el trigo; cuando estés en el norte, debemos saber de qué lado caeremos para no sentir dolor; cuando estemos en el sur, debemos repetir lo mismo."

Pedro

Después de las nubes, arriba en el cielo, donde Jesús y sus ángeles viven en armonía, una joven se acercó al Maestro Jesús en busca de alivio:

- ¿Por qué sufrimos tanto en la vida? - Quiso saber la joven.

- La vida tiene sus dificultades, pero corresponde a cada hijo de Dios elegir qué tan dura o más suave quiere que sea la vida. Nadie necesita estar en una condición de sufrimiento o desesperación, cargando las piedras sobre sus hombros. El amor no muere, lo que muere es el cuerpo, pero el espíritu vive - respondió Jesús.

Para el aprendizaje individual, en los caminos de la vida, estar expuesto a los animales es inevitable. Habrá días en que vendrán a comerse un pedacito de tu corazón, pero esto no es motivo de destrucción, sino de fortalecimiento.

La vida es como una mariposa, pero para ser mariposa, primero tenemos que arrastrarnos por el suelo, aprender a respetar la tierra; vivir en la sombra y luego, libre del capullo, soportar la luz de la vida.

No importa dónde estemos. Lo importante es creer en nosotros mismos, porque somos hijos de Dios.

A veces tenemos que estar en un lugar que no queremos estar, pero necesitamos estar, experimentando sufrimientos que duelen e incluso enfermedades que nos limitan, porque solo así aprendemos a vivir.

4.-
La vida es simple

"En la vida hay que esperar y prepararse, porque una flor solo se planta una única vez en la misma tierra."

Pedro

En el cielo, donde viven los amigos de Jesús, un joven le dijo a un anciano:

- No tengo tiempo para aprender sobre Jesús. Me esfuerzo mucho y nada es lo que quiero.

- La vida no vuelve. Se avanza, pero se pasa mucho tiempo mirando el pasado, los defectos, las desviaciones y nada está bien - dijo el anciano.

La vida es tan simple como un carro. Ella no necesita dos caballos. Solo un burro es suficiente, pero siempre quieres más y más...

Los hombres quieren mucho más de lo que necesitan. Quieren muchas camisetas, pero si tienen un único corazón. Muchas sandalias, pero solo tienes dos pies.

El mundo quiere las cosas muy rápido. Se olvidan que los árboles tienen tiempo de cosechar y crecer, queriendo comerse los frutos antes de plantarlos. Somos responsables de nuestras elecciones, así como una semilla elige el terreno donde quiere germinar.

También dicen que no les gusta algo sin al menos haberlo probado o no les gusta una persona sin haberle dado la oportunidad de conocerla.

¿Por qué tienes miedo de morir, si también tienes miedo de vivir?

¿Por qué no hay tiempo para nada si el día lleva consigo amanecer, atardecer y descanso para reflexionar sobre nuestras actitudes?

La vida es sencilla, tiene su tiempo y el tiempo tiene sus leyes y su justicia, pero el mundo se preocupa demasiado. Y no tiene sentido mirar demasiado atrás o demasiado lejos hacia el mañana, de lo contrario el presente se entristece porque ha sido olvidado.

5.-
Reuniones en el cielo

"Morir es como un colibrí volando. El colibrí viene, besa la flor y vuela.

Volvemos a la Tierra, besamos la vida y luego volamos."

Pedro

Un día, en la finca, llegó una mujer triste y me dijo:

- Perdí a todos los que amaba en mi vida. Ayer enterré a mi hijo y hoy no me queda más que morir.

Con palabras de corazón le dije:

- ¡Hija! Feliz aquel que va por la vida con fe, aunque temporalmente esté llena de dificultades o sufrimientos, porque sabe que nada es más grande que Nuestro Dios bondadoso y nada puede vencer la fuerza que viene de lo alto del cielo. Puedes quitarte las sandalias de los pies, las cubiertas del cuerpo, pero nada ni nadie quita la fe del corazón de los hijos del Señor. Porque quien tiene fe se despierta cada mañana feliz, sin mirar atrás, sin contar las caídas de la vida. Se despierta mirando hacia adelante y en cada momento sabe que Dios no lo abandonará. La ley divina dice que para que alguien nazca es necesario que otro muera. Esta es la ley del equilibrio. Por eso, cada día de nuestra existencia debe estar lleno de perseverancia y fe. Sepa que Dios nos dio esperanza para perder; y fe para mantenemos. No turbes tu corazón mirando al pasado. ¡Mira hacia el futuro! Y así llegaremos pronto al destino.

- ¿Qué es la muerte para ti? - Preguntó la mujer llorando.

Pensando en Jesús, respondí:

- Morir es como descansar la cabeza, solo por un minuto, conscientes que vivimos la vida como teníamos que vivir; sin arrepentimientos ni culpas, porque hicimos lo mejor que pudimos, viviendo intensamente cada segundo, amando siempre. Y cuando se apaga, es como una vela que se ha acabado. Entonces, es señal que somos iguales a esta vela, que cumplió su misión y nuestras piernas ya no pueden soportar correr más, porque naturalmente se agotan.

Por lo tanto, cuando muere un gran amor de nuestras vidas, no significa que nosotros también muramos.

Bueno, siempre encontraremos nuestros amores en la vida más allá de las nubes, más allá de nosotros mismos, en el cielo.

No hay sueño que no se haga realidad, no hay deseo que Dios no evalúe. Si caminamos en la luz, siempre seremos luz. Por eso, debemos aprender que es necesario perderlo para luego encontrarlo... y entonces, más maduros, sabremos que nada hemos perdido porque somos hijos eternos de Dios.

6.-
Sombras y luz

"El pasado oscuro, en el presente, se restablece haciendo perfecto el futuro."

Pedro

Jesús hablando a sus ángeles:

- Miro la Tierra y no comprendo las aflicciones de los hijos de Dios. Se duermen temiendo el mañana y se despiertan mirando demasiado el ayer o fijando sus pensamientos en sí mismos.

La aflicción de hoy será la que corrija ayer. Y lo que florecerá mañana es lo que traerá curación para una vida futura, pero olvidan que es necesario atravesar las sombras de la noche para ver otro día.

Ya sea que te pases la vida mirando al pasado o solo al futuro, no duermes por la noche ni siquiera ves la luz del día. Porque siempre estarás preocupado por lo inalcanzable, olvidándote del presente. Por tanto, refúgiate en la paz que hay dentro de tu alma, porque los recuerdos del ayer corren por tu mente, pero hoy podrás descansar seguro en los brazos del Señor.

7.-
La leyenda del valor

"Solo el que no tiene fe lucha con valentía."

Pedro

En otra ocasión, Nuestro Señor Jesús estaba ayudando a Dios a crear hombres y pájaros, distribuyéndoles diversos dones.

Nuestro Señor Jesús los llevó a un vasto campo y comenzó a probarlos.

Colocó al pájaro y al hombre encima de un banco y dijo:

- Salten...

El pájaro no lo pensó, se lanzó al instante. El Señor, en ese momento, intervino:

- Voy a llamarlo pájaro y para permanecer en el cielo tendrás alas.

Y todos como ellos repitieron la actitud y volaron mucho, porque no tenían miedo... o dudas, y así, se lanzaron felices hacia el cielo.

Jesús se acercó lentamente al hombre y le dijo:

- ¿No volarás?

- Si salto del acantilado, me lastimaré ahí abajo, y entonces, esos animales voladores podrían atacarme, aun podría enfermarme y, si salto desde aquí, no sé si viviré - respondió el hombre.

- Entonces te daré dos piernas - dijo Jesús.

Jesús, desde lejos, notó que el hombre se miraba las piernas y no sabía qué hacer. Luego se acercó y dijo:

- Te di dos piernas para que pudieras caminar...

El hombre, confundido, se volvió hacia Jesús y le dijo:

- Señor, pero si me paro sobre ellos me caeré y me lastimaré.

- Entonces te daré valor - ofreció Jesús.

El hombre, lleno de miedo y de dudas, dio un paso y cayó, luego llorando dijo:

- ¿No te dije Señor que me caería?

Jesús, complaciente, se dirigió al hombre y le explicó:

- Solo caíste en aprender a valorar lo que te di, valor. Y solo los que tienen valor se levantan.

Todos en la vida tenemos una misión, un papel, una duda, un amor, una desafección, un agrado, un disgusto, pero lo importante es tener valor para volar, caer, levantarnos y seguir adelante, porque "no desmayemos en hacer el bien, porque si no desmayamos, a su tiempo cosecharemos."

8.-
Equilibrio

"Jesús no nos llama al azar y, si estamos vivos, es porque Jesús quiere oír el canto de fe en nuestros corazones."

Pedro

Jesús, en el cielo, dijo:

- Los hombres oyen, pero no escuchan.

Dios le dio a cada uno de sus hijos dos oídos: uno para oír la cabeza y el otro para oír el corazón. Mientras tome en sus manos la razón y el sentimiento, la gran misión es equilibrar ambos. Sin embargo, algunos dejan sordo el oído del corazón, mientras que otros dejan el oído de la razón.

La vida está hecha de equilibrio. Dios hace la fuente, pero también el océano y las estrellas del mar.

El manantial recibe tanta agua como puede soportar. A veces, es un hilo tan pequeño...

Aunque el océano es grande y aparentemente fuerte, solo soporta la cantidad justa de agua, ya que el resto se divide entre ríos y arroyos.

Dios hizo las estrellas del cielo y las estrellas del mar, la noche y el día, la Luna y el Sol, la tierra y el agua, el aire y el viento. Todo en perfecto equilibrio. Y cuando deseas demasiado algo, pronto llega la peor enfermedad de la Tierra: la preocupación.

Al pez ni siquiera le importan los depredadores que se lo van a comer. Él nada.

A los pájaros no les importan los halcones. Ellos vuelan.

La mayor caridad es no dar pan a quien tiene hambre. Está dentro de nosotros y se llama equilibrio.

Cada vez que regresamos a la Tierra a través de la reencarnación, aliviamos el peso del pasado.

A veces, corregir un pequeño fallo costará más de doce vidas. Y, si viviéramos en equilibrio no habría escasez, no necesitaríamos doce vidas más, solo necesitaríamos una para ser felices.

9.-
Cuando esperar es la solución

"El corazón del otro es una tierra que nadie pisa, solo el Señor Jesús."

Pedro

Era una tarde fragante, el atardecer coloreaba el cielo con un color especial, que casi se confundía con un jardín. Fue entonces que una joven que esperaba la llegada de su hijo preguntó:

- ¿Por qué tenemos que esperar tanto para ver nacer a nuestros hijos?

Respondí mirando dentro de su corazón:

- En la vida no nos gusta esperar. Para todo en nuestra existencia tenemos que esperar, incluso para morir. Porque en verdad nacimos para esperar la muerte. Mientras esperamos, tenemos que vivir. Y cuantas cosas buenas podemos hacer mientras vivimos... Y a veces, no queremos.

Miramos un pequeño manantial y luego queremos que sea un gran río e incluso que desemboque en el vasto océano. Aunque el objetivo del manantial es llegar al océano, nuestra misión es cuidarlo con paciencia, esperando y trabajando.

La ansiedad es una pesadilla para la vida y el miedo es garantía de derrota.

Las chicas siempre dicen: "Quiero un hijo." Cuando lo esperan, dicen: "Quiero que vuelva pronto a casa." Cuando nacen, dicen: "Que crezca pronto." Cuando crecen, dicen: "Lo quiero como niño otra vez."

Cada día es una lección. Y una de ellas es aprender a amarnos a nosotros mismos antes de amar a nuestro prójimo. Y eso requiere mucho trabajo, porque nos pasamos la vida queriendo conocer al otro, pero "el corazón del otro es una tierra que nadie pisa, solo el Señor Jesús."

Todo en la vida tiene su momento adecuado y nosotros tenemos nuestras responsabilidades, así como todo tiene su momento adecuado para comenzar y terminar, así debemos cuidarnos. Así que, mientras esperamos, sigamos trabajando sin desánimo, porque el Señor siempre ofrece nuevas oportunidades si tenemos la paciencia de recibir en el momento adecuado lo que Él tiene reservado para nosotros: la felicidad.

Recuerda que siempre entre el nacimiento y la muerte, Dios sabiamente colocó una vida para ser vivida.

10.-
No tengas miedo

*"¿Por qué pensar en lo que morirá
si ni siquiera lo plantamos?"*

Pedro

En el mundo espiritual, un anciano que llevaba mucho tiempo muerto se encontraba cuidando a los recién llegados en aquel hospital, cuando un joven se le acercó, se enojó y preguntó:

- Eres un hombre que ha vivido demasiado. ¿Cómo lograste soportar el sufrimiento, la ingratitud y la injusticia?

El anciano respondió:

- A veces dejamos pasar la vida y no entramos en ella, llenos de miedos y preocupaciones. Peor que no comer o no tener qué ponerse es perder la esperanza. Todo en la vida debe descansar. De nada sirve querer quitarle a la tierra cansada lo que no puede dar.

Así como no hay problema que no tenga solución, la preocupación solo augura lo peor. Cuanto más preocupada esté la cabeza, más problemas se avecinan.

¿Por qué pensar en lo que morirá si ni siquiera lo plantamos? Olvidamos que podemos hacer de nuevo.

Somos nosotros los que tenemos que darle tamaño a las cosas, al sufrimiento.

Nos pasamos la vida llorando, sufriendo por los que se fueron y nos olvidamos de amar a los que se quedaron.

Tenemos miedo de aceptar lo nuevo, porque lo viejo ya lo comprendemos y conocemos.

Todo llega en el lugar indicado, en el momento en que se libera de prejuicios, pues cada uno tiene su propia manera de responder a este amor. Amamos lo viejo y no lo nuevo.

Queremos amor, pero no nos amamos a nosotros mismos.

Exigimos a los demás lo que nunca podrán darnos, porque, muchas veces, no sabemos lo que queremos.

La vida no es difícil. No hay ninguna dificultad. Difícil es lo que pensamos de la vida. Ella es fácil y solo quiere una cosa de nosotros: que vivamos nuestra vida.

Si quieres compañía, ¡mira dentro de ti! Pero si no nos amamos, ¿cómo podemos querer la compañía de alguien?

Demasiada preocupación te impide vivir. Nadie tiene la culpa de las lágrimas que derramamos, del hambre que pasamos; solo tenemos la culpa porque tenemos miedo de cambiar. No esperes a que alguien cambie algo de ti.

Cada uno es capaz de sustituir las sombras íntimas por luces del cielo, porque el Señor y su fortaleza. Así que no pierdas el tiempo, cambia tú mismo, porque como dijo Cristo: "Conoceréis la verdad y la verdad os hará libres."[3]

---

[3] Juan 8:32 Nota del autor espiritual, Ferdinando

11.-
Búsquedas e incertidumbres

"...en muchas ocasiones nuestra ignorancia no nos permite ver la fuerza de nuestra fe."

Pedro

De repente, una joven lloraba sola, sentada a la orilla de un río. Ella estaba insatisfecha con su vida y quería estar en cualquier otro lugar menos allí. Quería que todo fuera diferente y no valoraba lo que Dios había puesto en sus manos. Fue entonces cuando se acercó un anciano y después de escuchar una larga queja, dijo:

- ¿Cuántas veces nos pasamos la vida deseando algo que está al otro lado del río?

Recorrimos el mundo sentados, mirando al otro lado del río.

Incluso sabemos contar cuántas llamaradas hay en cauce del río, cuántos árboles hay al otro lado, cuántas piedras, incluso la hierba que allí crece.

Sabemos cuántas veces los rayos del sol iluminan las llamaradas del otro lado, cuántas gotas de agua mojan las llamaradas, incluso qué nubes pasan.

Incluso sabemos cómo cantan los pájaros del otro lado y cuántos anidan allí.

Y nos pasamos la vida queriendo estar del otro lado. Olvidamos que Dios nos pone de este lado para aprender a ver lo que tenemos y saber que estamos donde debemos estar y valorar lo que hay bajo nuestros pies.

Nos pasamos la vida llorando por lo que perdimos o por lo que pasó.

Se nos olvida que si Dios nos levanta del suelo y así aprendemos a mirar al cielo, y si miramos mucho al cielo, Dios nos hace mirar al suelo. No hay perdedores en la vida. Nadie está en el lugar equivocado, como pensamos.

Lo más importante en la vida es conocer la hierba que hay bajo nuestros pies, los pájaros que cantan sobre nosotros, las nubes que ocultan el Sol y los rayos de Sol que siguen calentando nuestro rostro.

Siempre estaremos donde debemos estar y no del otro lado.

Para llegar al otro lado del río, tenemos que construir el puente. A veces, a lo largo de la vida, no tendremos el material adecuado para construir el puente, pero no siempre es un puente lo que tenemos que construir. Lo que debemos hacer es cuidar la hierba bajo nuestros pies y mirar al cielo, a las nubes que están sobre nosotros.

Aun así, cada día tiene una luz y con cada luz la responsabilidad de no dejar que se apague. Porque todo en la vida pasa y todo es grande según como lo miremos, según el lugar en el que estemos. Si miramos con los ojos de Dios, incluso cuando una brisa anuncia tormenta y la tormenta es solo una brisa.

Depende de nosotros cuidar la tierra bajo nuestros pies. Por eso no estamos al otro lado del río. Y para ello estamos de este lado. Y quien esté allí no nos cuidará, porque la responsabilidad de nuestra felicidad la damos a nosotros mismos y a nadie más.

12.-
En el momento correcto

"Quien nació para volar, no puede vivir en cautiverio."

Pedro

En la finca donde vivía llegó una niña muy triste y me habló. Viajó por casi todo el mundo para llegar allí. Y ella dijo que todos hablaban de mí, pero yo no hablaba de nadie. Muy arrepentida, la muchacha argumentó:

- Perdí a mi hijo. Murió muy enfermo y hasta el día de hoy no entiendo qué hizo para haber pasado por un calvario tan grande.

Mirándola directamente a los ojos, respondí:

- Hija, soy demasiado mayor, he vivido tanto que, a veces, creo que Dios me ha olvidado aquí en la Tierra, pero créeme, una de las cosas que aprendí es que el amor nunca muere.

En la vida siempre queremos que todo esté vivo, pero tiene que tener la semilla, luego el fruto. Algunos tienen que morir, cultivar semillas y no sobrevivir. Otros tienen que nacer y dar fruto. Por eso hija, tenemos que aceptar las leyes que no conocemos, pero fueron escritas por Dios y si no podemos entenderlas, que el Señor actúe en nuestras vidas.

- Pero yo quería que mi hijo fuera joven, que mi hijo estuviera casado y que yo tuviera muchos nietos - dijo.

Siguiendo las enseñanzas de Jesús, argumenté:

- Ni siempre lo que hacemos es lo que nos conviene. Todo en la vida tiene su propio deseo y cada vez que impedimos que las cosas sucedan, la vida llega y hace pequeños cambios. A veces damos valor a las cosas tan pequeñas y nos olvidamos de mirar los granos de arena, el Sol y el cielo.

Hija, nunca he visto llorar a un pez, pero sé que lloran. Simplemente acepto esta verdad sin lugar a dudas. Por tanto, debemos dejar que las cosas sean como tienen que ser.

Cuando el anhelo venga fuerte, como una gran tormenta que devasta tu corazón, recuerda que Dios siempre estará contigo, secando tus lágrimas, porque la vida no termina en dolor, enfermedad o sufrimiento, continúa más allá de nuestro entendimiento. Acuérdate de mirar siempre al cielo porque desde una de las estrellas brillantes del Señor, desde allí, se nos aparecen felices nuestros amores.

Entonces ¿por qué llorar? ¡Vuelve a la vida!

¡Sé feliz! Y sonríe mucho...

13.-
La leyenda de las lágrimas

"La lluvia siempre han sido lágrimas de Jesús, pero lágrimas de felicidad porque estamos vivos para reajustar nuestras vidas."

Pedro

En la vida no podemos vivir en el pasado ni llorar demasiado por el ayer. Voy a contar una leyenda.

Una vez, arriba en el cielo, el Nuestro Señor Jesús, mirando a la Tierra, vio que todos lloraban mucho.

Entonces, Nuestro Señor Jesús llamó a los ángeles buenos y habló así:

- Les voy a dar una misión. Es necesario comprender por qué los hombres lloran tanto por el ayer y por las cosas viejas.

Los ángeles vinieron a la Tierra, miraron a todos, pero todo era llantos y lágrimas.

Volvieron a Jesús y le dijeron:

- ¡Señor! Todo es lágrimas, tristeza, solo el Señor puede entender. No entendemos por qué todo no tiene fin.

- Yo mismo voy allí para comprender a los hombres - dijo Jesús.

Entonces Nuestro Señor decidió hablarle al Sol:

- Hijo mío, los hombres lloran mucho por miedo a la noche, al día y al ayer. Y para que la humanidad sea diferente, para sonreír, démosle siempre la luz del día y una noche de por medio, para que sus pensamientos descansen. Al día siguiente siempre nacerás, pero la noche nunca dejarás de existir. La noche estará llena de polvo unas luces que llamaré estrellas, y colocaré en la noche un Sol frío - la Luna – porque te calentarás y la Luna suavizará tu calor. Las nubes en el cielo apagarán sus rayos, pero por la noche las estrellas siempre brillarán. Y los hombres dejarán de llorar y vivirán con la alegría de la luz.

Y Nuestro Señor se fue.

Pero los hombres no paraban de llorar...

Y los ángeles quedaron con la misión de mirar siempre a la Tierra, regresaron a Jesús y le dijeron:

- Señor, los hombres no han aprendido a ver la luz. El Sol lloró triste porque nadie lo miraba y la Luna lloró triste porque nadie la miraba, solo lloraron.

Entonces Nuestro Señor vino nuevamente a la Tierra para comprender. Y viendo que los hombres no dejaban de llorar, Jesús llamó a sus ángeles y dijo:

- A partir de ahora, todas las lágrimas que lloramos por el sufrimiento de los hombres se llamará lluvia, que al mezclarse formarán el océano. Y en el océano, allí, en ese mar de Dios, pondré la vida. Hasta que los hombres aprendan a dejar de llorar, sus lágrimas servirán para alimentar la tierra. Entonces, habiendo madurado, las lágrimas cesarán y ya no se cansarán, porque han aprendido el valor de la vida, que es simplemente vivir, y así alcanzarán la victoria.

14.-
El valor de fe

"En la vida perdemos terreno para aprender a mirar al cielo."

Pedro

Una vez, cuando era viejo, estaba sentado a la orilla de un río hablando con un amigo llamado Simón, cuando me preguntó:

- ¿Por qué todos dicen que perdieron la fe?

Sin entender por qué, respondí:

- Nunca entendí por qué los hombres pierden la fe; la vida está llena de caminos, llena de alineamientos y desórdenes; y muchas veces confundimos la pérdida de la fe con las dificultades de la vida. En la vida perdemos el terreno para aprender a mirar al cielo; dejamos de respirar para aprender a nadar; corremos para aprender descansando; destruimos todo para construir mejor.

Todo en la vida tiene la importancia que la gente le da. Tiene el tamaño correcto y no es mucho más grande de lo que realmente es.

En muchas ocasiones Dios simplemente nos da un soplo para que podamos caminar, y lo que pensamos que es sufrimiento, en realidad es solo la ayuda de Dios para dar un paso adelante, de lo contrario nos quedamos arrinconados y no avanzamos. Ciertamente tropezaremos, pero el que cae siempre se levanta.

Nada en la vida es más poderoso que la fe.

- Pero ¿qué pasa cuando perdemos algo que apreciamos? - volvió a preguntar Simón. Después de escuchar las palabras del amigo, expliqué:

- Solo perdemos lo que no es nuestro, porque no perdemos lo que es nuestro. Si está perdido es por qué no es tuyo.

- Pero ¿qué pasa cuando perdemos un amor que muere? - insistió Simón.

- Si es amor, y es nuestro, no lo perdemos. Por tanto, somos espíritus y no morimos. Por tanto, no hay necesidad de perder la fe - afirmé.

- Pero ¿cuándo nos enfermamos? - Preguntó Simón.

Respondí confirmando la importancia de la fe:

- No hay por qué perder la fe en la enfermedad. La enfermedad tiene la misión de iluminar la mente y el corazón. Nos enfermamos porque, a veces, todo lo que hacemos es para responder al llamado de nuestra propia necesidad temporal y no de nuestro corazón. Pero ese llamado puede no ser lo que Dios tiene reservado para nosotros. Por tanto, nada justifica perder la fe.

Simón me volvió a preguntar:

- Muchos dicen que perdieron todo lo que tenían en la vida...

Una vez más destaqué la importancia de la fe:

- Todo lo que hay en la Tierra no nos pertenece. Todo lo que tenemos hoy es de Dios. Muchos seres queridos querían ofrecerme muchas cosas materiales y yo siempre decía: "tengo lo que necesito en esta vida." Llevo en mi bolsillo la tierra que todos quieren darme porque así llevaré su aroma a todas partes.

Incluso pueden quitarnos la carne, pero no pueden quitarnos la fe, porque la fe está cerca de nosotros como el aire que respiramos; como el sueño que soñamos; como un caramelo que te llevas a la boca; como el frío, el agua del río más cristalino en el que podrás nadar. La fe es el sueño más dulce que cualquiera haya soñado. Y el perfume más fragante de la mejor flor.

La fe es la que nos devuelve la esperanza que nos hace escuchar el lamento y el llanto, transformándolo nuevamente en una amplia sonrisa en nuestro rostro; que nos hace sentir la tristeza de alguien que acaricia un objeto que lleva el retrato de quien tanto amó y sabe que el amor no está en ese marco de fotos, está dentro de lo más profundo de cada uno de nosotros. Este es un amor que no tiene dolor, que no tiene dueño, que no trae agonía.

Nadie puede destruir la fe, ya que está dentro de cada uno de nosotros y despierta en la hora cuando sollozamos, ya sea de alegría o de tristeza. Y

Ahí es donde ella se despierta para decir que tenemos que empezar a vivir de nuevo y reaprender a amar.

Y la fe que enseña, que incluso solo, sin nada, debemos mantener la confianza, porque ella nunca duda...

Por eso quien pregunta demasiado, demasiado oye menos y en la vida no podemos pedir, hay que escuchar. Así entendemos nuestra talla ante Dios, porque todo lo que dimos tanta importancia en la mañana, ¿será que por la tarde tiene el mismo valor?

15.-
Creer, el comienzo de tu descubrimiento

"...la esclavitud es de la tierra y la libertad es de Dios..."
Pedro

Una vez hecho esto, allí en el cielo, Nuestro Señor Jesús llamó a todos los ángeles y asignó a cada uno una misión: uno fue a cuidar los bosques, otro del mar, otro del cielo, otro de la lluvia, otro del aire, hasta que llegó un angelito lleno de ira.

Entonces Jesús lo miró y dijo:

- ¿Por qué estás tan enojado?

El ángel respondió:

- Porque Señor nunca me habló. ¡Y mire, ya le he pedido tantas cosas Señor y tampoco he recibido su atención! Otros siempre tienen las mejores oportunidades, el mejor trabajo y, a mí, usted Señor no me dirige ni una mirada. Solo me quedan sufrimientos, gente enferma, con agua en los ojos para llorar. Incluso tengo que lavar las túnicas de los otros ángeles y ni siquiera tengo una túnica nueva.

Con mucho amor, Jesús se dirigió al ángel y le dijo:

- Hijo mío, mientras te comparas demasiado con los demás, viendo solo lo que no tienes, yo trabajaba para aliviar la tristeza. Yo estaba entre los hijos de Dios. Te acunaba en mi propia túnica, abrazando tus pensamientos con Mis manos de luz. Mientras hablabas del dolor ajeno, Yo te mantuve en Mis brazos. Por tanto, no te compares con los demás, con lo que no es tuyo. Confía en ti mismo y descubrirás tu valor. Te coloqué en el lugar donde estás ahora, porque solo tú estás preparado para esta misión. Por eso, en la vida tenemos dos caminos a seguir: o confiamos en nosotros mismos o nos pasamos toda la vida mirando a los demás y queriendo ser lo que no podemos ser.

16.-
Recomenzar, esperanza y fe

"Olvidamos que es la vida la que nos elige y nosotros no elegimos la vida.

Queremos las cosas, pero las cosas no nos escogieron..."

Pedro

Yo estaba en la finca, muy viejo, y a veces miraba para mi lado y decía:

- Mi sombra ya murió y me olvidó...

Era una primavera cuando llegó a la finca la sobrina del dueño. Él, desesperado, me dijo esa noche:

- Mi sobrina llegó esta mañana a respirar aire fresco, buscando su cura, porque está muy enferma. Ella parece una larga espina. Nada le agrada. Ella es peor que un anzuelo en el dedo, como un halcón volando sobre un prado. Necesito tu ayuda.

Con mucho amor me puse a disposición para ayudarlo:

- Querido, ninguno es demasiado duro, porque nadie es un ladrillo y tampoco son demasiado blandos porque no son agua. Por la mañana veré a la joven.

Temprano en la mañana fui hacia ella y, cuando me vio, comenzó a sollozar. Incluso pensé que la había asustado, porque era muy feo. Y le dije:

- ¿Qué hay dentro de tu corazón que te pone tan triste? Detrás de un rostro cerrado se esconde un gran sufrimiento.

La joven, con gran amargura, respondió:

- ¿Sabes por qué lloro así? Porque perdí la esperanza de mi vida. ¡Mira mi estómago! Está muerto como esta piedra que está cerca de nosotros. Me casé y mi barriga no da a luz. Solo hay oscuridad en ella.

Entonces puse esperanza en su corazón:

- Hija, si tu vientre es una piedra, acuérdate sabiendo que hay vida muy cerca de ella, una oruga tiene paciencia, porque sabe que algún día será mariposa. Espera confiada, porque tu aflicción no demuestra cuánto te sostiene el Señor.

El tiempo es de Dios y no nuestro. La amargura de tus palabras es la amargura de la soledad que temporalmente hay en tu corazón, pero no pierdas la esperanza, porque en la vida Dios nos ha dado una cosa: la fuerza de la fe y no debemos perderla.

En silencio salimos a buscarla para ver la finca, cuando llegamos a un pequeño bar, dos mujeres conocidas como Mamacita y Morena estaban cuidando a cinco recién nacidos que fueron abandonados por sus madres, cerca del camino por donde solían caminar.

Les di la bienvenida y les di esos corazones bondadosos. Privados de toda suerte, aquellos héroes luchaban por superar las dificultades cotidianas, cuando la joven dijo:

- Déjame ayudarlas.

Así, estuvo treinta días cuidando a esos niños, sin abandonarlos ni un momento.

Fue entonces cuando su joven marido se fue a la finca. Cuando llegó y la vio tan feliz, me preguntó:

- Pedro, ¿qué milagro hiciste con mi esposa? Incluso empezó a darme cariño otra vez.

Le dije al joven:

- No hice nada, pero a veces tenemos que ver el sufrimiento de los demás para superar el nuestro.

Algún tiempo después, una tarde, mientras la pareja cuidaba a los cinco niños, dije esto:

- Hija, pon tu mano en tu vientre. Estás esperando un hijo.

Asombrada, ella respondió:

- ¿Cómo? No puedo tener un hijo, generar un hijo.

Los días transcurrieron sin prisas. Esa noche, la joven mezcló el dolor con la felicidad. Finalmente había llegado el día en que nacería su hijo. Con la ayuda de otros esclavos nació un niño. Con cuidado lo coloqué en los brazos de la joven, mientras su marido le acariciaba el cabello:

- Aquí está tu hijo, tu nuevo comienzo, tu esperanza y tu fe, porque tu misión es la transformación.

Conviértelo en una hermosa mariposa, enséñale a volar y déjalo listo para la vida.

17.-
La leyenda de las mariposas

"...nunca llores por lo perdido; llora solo por la felicidad de lo ganado y lo que realmente es..."

Pedro

Cierto día, Nuestro Señor Jesús vino a la Tierra a pescar, se sentó en la orilla del río con los pies en el agua, levantó una piedra y debajo de ella había una pequeña oruga que estaba muy triste, llorando. Nuestro Señor preguntó:

- ¿Por qué tienes tantas lágrimas en los ojos? - La oruga respondió:

- Porque el Señor hizo hermosos a los animales y yo me escondí aquí debajo de esta roca y nadie me ve. Miro hacia arriba y veo pájaros llenos de plumas. Veo a los animales bebiendo agua del lecho del río; el caballo de fuego, la cebra pintada, el gran elefante, son todos perfectos. El colibrí besa el agua, hasta la serpiente nada, y la rana salta, y aquí estoy yo, una oruga que los hombres al verme huyen. Los peces, cuando me ven, tienen tanto miedo que no quieren nadar ni comerme. Señor mío, te confieso que no entiendo por qué me diste a luz...

Nuestro Señor Jesús, lleno de misericordia y compasión, puso la pequeña oruga en Su mano y le dio aliento.

En ese momento, ella se convirtió en una hermosa mariposa. Después de ensayar unos cuantos aleteos, regresó alegremente a la mano del Maestro, quien le dijo:

- Tu aflicción no tiene lugar en mi viña, ni en el reino de mi Padre.

Tu sufrimiento es temporal, representa el dolor de tu transformación. Y el nacimiento de tus alas por la libertad. Y la perpetuación de tu misión, porque en realidad eres una mariposa, y en medio de todos los animales, representarás la paz, la alegría en el color de tu naturaleza y en la persecución de tu silencio.

18.-
Pensando en Dios

"La transformación no ocurre de la noche a la mañana. La vida no da saltos. Todo es resultado del esfuerzo y la aceptación."

Pedro

En la vida, Dios nos habla y no siempre escuchamos.

"Y Nuestro Señor no habla." Dicen ustedes, pero el Señor siempre nos habla. Las palabras demasiado dulces del Señor no las escuchamos.

Para avanzar tenemos que caernos para levantarnos y dar un paso adelante.

Y eso es lo que la vida nos hace a todos, ya sea en asuntos del corazón, profesión o religión.

A veces, para alcanzar nuestras metas en la vida, miramos a Dios y decimos:

"Nuestro Señor, la vida se acabó, se acabó."

La vida no termina en un accidente, la vida continúa. Cada shock presagia una nueva oportunidad y un renacimiento.

Pero si nos quedamos quietos es como pescar. El pescador inteligente sabe cuándo tirar el sedal al río. Cuando no pescamos nada, tenemos que cambiar de lugar, porque los peces saben dónde tenemos que estar y conocen nuestras necesidades.

Porque a veces no sabemos dónde estamos ni hacia dónde queremos llegar. Y Nuestro, Señor, al ver tanta indecisión, ofrece una fuente de luz infinita para iluminar los caminos de los hijos de Dios. Cualquiera que sea el motivo del cansancio - dudas, caídas o pérdidas - Jesús siempre esperará la llegada de los hijos de Dios con los brazos abiertos, respetando sus límites y amándolos sin distinción, porque su amor no es para sí mismo, sino para la humanidad, *"para nadie de nosotros vive, y ninguno muere por sí mismo; porque si vivimos, para el Señor vivimos; y si morimos, es para el Señor que morimos. Por tanto, ya sea que vivamos o muramos, pertenecemos al Señor."*[4]

---

[4] Pablo - Romanos, 14:7-8. Nota del autor espiritual Ferdinando.

19.- Orgullo y humildad

> *"Solo es esclavo el que tiene la mente cautiva,*
> *pero el que tiene el corazón libre no es esclavo."*
>
> Pedro

El orgullo es la herida más profunda que se puede cultivar. Un día, el hermano del dueño llegó a la finca.

Era un hombre muy grosero. Llegó enfermo, viejo y solo. La mala educación lo alejó de la gente. Entonces cuando apareció, nadie quería cuidar de ese hijo de Dios. El dueño de la finca me dijo:

- Cuidarás de mi hermano, nadie quiere acercarse a él, porque está asqueado de la vida y no tiene ningún valor para él. Y como estás tranquilo, tal vez puedas domar ese corazón endurecido.

Entonces comencé a cuidarlo y él simplemente me humilló. Sin embargo, no pensé que fuera humillante, porque la gente solo es humillada si cree en la humillación.

Una vez tuvo una de sus heridas expuesta durante dos noches, pero no le abría la puerta a nadie y gritaba de dolor. Con calma y con la ayuda del granjero, entré a la habitación. Allí traté a ese hijo de Dios con el conocimiento de las hierbas que el Señor me había dado. Puse la medicina en la herida y el dolor desapareció como un soplo de viento.

Un rato después, el hombre abrió una sonrisa y me dijo:

- Viejo, te maltraté tanto, incluso te golpeé, en consecuencia caíste enfermo. ¿Te saqué tanto dolor, producto del sufrimiento que te causé, y ahora me tratas así con tanto cariño? ¿Por qué?

Con amor en mis palabras, dije:

- Solo se maltrata a quien cree en los maltrato, hijo mío. Y como nunca creí en el maltrato, nunca fui maltratado. Hijo mío, solo sufres en la Tierra si no tienes inteligencia. No sé leer ni escribir, pero sé contar. yo sé cultivar flores y no cultivo el sufrimiento. También aprendí a no creer en la enfermedad, porque solo quien cree en la enfermedad enferma. Ella, la enfermedad, es como una flor, cuanto más agua recibe, más crece. Entonces no estoy enfermo.

Ese hombre vio sencillez en mis actitudes y dijo:

- Eres demasiado humilde...

Entonces, respondí:

- Te equivocaste. No lo soy... ¿Sabes por qué? No hablamos de humildad, la sentimos. Y cuanto más dices que soy humilde, más me ves desde fuera. Tienes que verme desde dentro. Y como el corazón de los demás es tierra por donde nadie camina, en mi corazón tú no puedes caminar y yo solo puedo caminar en el tuyo. Entonces, hijo mío, la humildad es como una estrella para mí. Tiene que brillar de forma natural, sin intervención de nadie. Porque cuanto más queremos que brille la estrella, más orgullosos estamos. Cuanto más brilla silenciosamente la estrella, más humildes somos.

Escuchando atentamente, el hombre reconoció:

- He estado orgulloso toda mi vida y no he ganado nada con ello.

Fue entonces cuando lo miré y le dije:

- Ganaste, hijo. En este momento te liberaste de una cosa: la ignorancia, porque esta es la peor herida que el hombre puede tener... Por tanto, no te atormentes con dudas, creyéndote incapaz o indigno del amor del Señor. Recuerda siempre: "*¿No son todos espíritus servidores, enviados al servicio de los que han de heredar la salvación?*"[5]

---

[5] Pablo - Hebreos, 1-14. Nota del autor espiritual Ferdinando.

20.-
Memorias del pasado

"El pasado solo regresa cuando dejamos abiertas las ventanas de nuestro corazón."

Pedro

Mi historia comenzó cuando ya estaba muerto...

Recibí la orden de ayudar a un hijo de Dios llamado Tulio. Era un joven lleno de conocimiento, arte y cultura, pero su cabeza estaba perturbada por su pasado y permaneció atado a él. Así que seguí con confianza encontrándolo.

- Hijo mío, ¿por qué no vienes conmigo? - Tulio respondió:

- No tengo la dignidad de ir contigo. Por donde tú entres, yo, seguro, no podré entrar.

Lo miré y dije:

- Cuando pensamos así es porque no nos perdonamos a nosotros mismos. Pasamos toda nuestra vida mirando fuera de nosotros mismos, encontrando faltas, pensando que nuestros pies están sucios, que nuestras manos están inmundas, que los pensamientos son tan pequeños que ni siquiera pueden seguirlos a través del espacio. Nosotros pensamos que somos demasiado feos y nos creemos tan pequeños, que no podemos perdonarnos a nosotros mismos. No nos perdonamos a nosotros mismos porque pensamos que no somos buenos. Pero Dios, que es el Creador de todos nosotros, sabe lo que nace en nosotros; Él nos hizo como deberíamos ser. Algunos de nosotros vemos defectos donde no los hay. Algunos de nosotros no sabemos a dónde queremos ir. A veces queremos que todo sea diferente y rápido. Pero la vida tiene sus leyes. Cada espíritu tiene una misión en el cuerpo. Tenemos que aprender a no esperar a que otros cambien. Somos nosotros mismos los que tenemos que cambiar. Ver que podemos entrar a la casa de Dios porque somos sus hijos, somos el reflejo de su luz. Y el Señor, que conoce todo lo bueno y lo malo que hay en nosotros, ya nos ha perdonado. Entonces, ¿por qué no podemos perdonarnos a nosotros mismos? ¿Por qué tenemos que mirar hacia atrás y no hacia adelante?

Contamos lo que perdimos, contamos lo que ganamos. No contamos lo que no tenemos, pero amamos lo que tenemos. No esperamos de la vida lo que la vida no puede darnos, porque la vida puede darnos todo en la misma cantidad. Pero Dios, por la noche sale a buscarnos y nos ayuda. Y es en esta ayuda que Él no deja que la vida nos dé todo de una vez, porque de lo contrario siempre querremos más y pensaremos que ya no lo necesitamos, que lo tenemos todo. Y el hombre que piensa así ya está muerto. Pero quien sabe que necesita de Dios y sabe que lo que tiene en sus manos es necesario para el momento, y lleno de vida, de amor y gloria. Donde Dios pisa, todos pueden pisar, solo no pisan los que no quieren y los que no creen en sí mismos, porque quien cree en sí mismo, no tiene miedo, ni dolor, ni resentimiento, ni arrepentimiento. El pasado es igual a un cauce de río que ya no existe, por donde ya pasó el agua. Y depende de cada uno de nosotros hundirnos con las aguas y fluir hacia el océano y no contar los errores que cometimos, porque lo que hicimos mal, ya pasó.

Miremos hacia adelante, subamos la barra. Quítate los pantalones y vámonos, sin culpa, sin odio, porque así es la vida.

Cuando recobré el sentido, el muchacho me abrazó, me besó y dijo:

- Pedro, voy contigo.

21. - Rendirse

"Nunca llores por lo que no hiciste por ti mismo, pero siempre sonríe por todo lo que hiciste por ti mismo."

Pedro

Ahora hablemos de valor y de no rendirnos. Que importante es mirar hacia dentro de nosotros mismos, en un momento de duda, o desesperación y aceptándonos tal como somos. O, a veces, miramos dentro de nosotros mismos, intentamos ver algo y no vemos nada. Por tanto, necesitamos aligerar la carga.

Voy a contarles una historia...

Tenía un burro viejo y ese burro era mi amor.

Pero una vez el dueño de la granja no pudo transportar el maíz a la ciudad. Los buenos caballos, las vacas gordas y todo lo que él tenía lo había vendido, pero eran una tontería. Entonces el dueño de la finca me dijo:

- Pedro, tendremos que usar el burro.

Y entonces se llevaron el burro.

Mientras tanto, su sobrina llegó a la finca del dueño que quería que el burro, además de tirar del carro, también llevara la cesta de bengalas, porque estaba encantada con las bengalas de la finca. Me acerqué al dueño de la finca y le dije:

- Señor, si no aligeramos el peso del burro, no podrá soportarlo.

La chica no quería quitarle las bengalas porque las amaba.

Una amiga llamada Mamacita, sin que nadie lo viera, aflojó el cinturón del vientre del burro y, en medio del camino, las cestas rodaron. El burro llegó al dueño de la finca sin flores.

La niña enojada comenzó a golpear al burro hasta que cayó.

Cuando lo vimos, el pobre animal estaba casi muerto.

Pasé toda la noche a su lado tratando de aliviar el dolor de sus heridas. En el fondo de mi corazón sabía que la muerte pronto vendría para llevarse a mi viejo amigo.

Mamacita, llorando, se sentó a mi lado y dijo:

- Si no hubiera soltado la correa de su apretado vientre, esto no habría sucedido. Estoy llena de resentimiento, remordimiento y culpa.

Le respondí a Mamacita:

- Todo en la vida tiene una intención. La intención de aligerar el peso del burro demostró tu amor. Pero cuando hacemos las cosas, las hacemos a nuestra manera y no comemos lo que el Señor quiere. Por eso, hija mía, no es culpa tuya. Porque bienaventurado es aquel que calma el corazón de otro, pero no toma sobre sí su miedo. Sin embargo, sabes que cada uno tiene su camino, sus heridas, sus cargas que llevar, y Dios, nuestro Señor, que todo lo ve y lo sabe, alivia nuestro dolor, porque el burro cumplió su misión. Todo en la vida tiene su hora.

Desesperada, Mamacita declaró:

- Lo dejaré todo.

Intenté convencerla que no debería darse por vencida:

- No, hija. ¿Qué sería del cielo si dejara de llover? ¿Cómo serían los ríos y los océanos? ¿Qué sería del Sol si ya no quisiera calentar el mundo? Y el hielo si no lo hace, ¿quería equilibrarse con el Sol? Entre la luz y la oscuridad, una siempre hará sombra a la otra, pero todo es luz, todo es luz. Uno de los mayores regalos es olvidar los rostros de quienes amamos. ¡Así que no te rindas! Alivia tu corazón, ya que no debemos guardar remordimientos ni culpas, sino los hermosos recuerdos de aquellos que una vez amamos.

22.-
Elecciones y partidas

"La única medicina será la fuerza del tiempo, paciencia y silencio."

Pedro

Llegó a la finca un muchacho muy joven que quería conocerme.

Todos me conocían y yo no conocía a nadie.

Dijo que vino a aprender algunas cosas conmigo. Entonces, el dueño de la finca me llamó para entender qué quería el chico. Entonces el chico dijo:

- Pedro, me voy a vivir a Francia, pero antes de irme me hablaron tanto de ti que pensé que sería mejor venir a conocerte.

Al encontrar extraña la elección, también respondí:

- Hijo mío, ¿tantas cosas bonitas en la vida y vienes a conocer a un viejo feo como yo?

- Mi hermano te conoció y no deja de hablar de ti. Antes de viajar a estudiar Medicina y quería entender las cosas que haces. ¿De dónde viene tanta sabiduría? - preguntó el joven.

Entonces él se unió a mí. A la mañana siguiente me llamaron para ayudar a algunas hermanas a dar a luz. Acompañado por el muchacho, seguí a las granjas. Entre un nacimiento y otro, hubo enfermos, ancianos pidiendo ayuda y niños hambrientos.

En la extrema pobreza, el chico vio nacer niños con la fuerza de la fe y la esperanza. Al final del día, el último nacimiento marcó nuestro día. Una esclava de diecisiete años fue a dar a luz a su hijo, pero el sufrimiento lo marcó con esa mirada.

Con cariño me senté a su lado y mientras acariciaba sus cabellos sudorosos, ella, entre sollozos, dijo:

- El amor de mi vida fue vendido esta mañana. El dueño de la finca lo llevó al mercado y nunca lo volveré a ver. Pedro, quiero morir, déjame morir, pero quiero que cuides a mi hijo.

Con el corazón hecho pedazos la consolé:

- Hija, ten paciencia, nosotros cuidaremos de ti y de tu hijo.

- ¿Cómo viviré llevando esta aflicción en mi corazón? - Preguntó la esclava.

- Cada aflicción en su momento. Ahora hagamos que el niño vea la luz - le dije.

Después de un sufrimiento prolongado, nació un niño fuerte y la chica se desmayó de tristeza. La miré y con el corazón llorando en silencio le dije:

- Hija, espera, confiando en Jesús, no hay dolor que dure una hora y hora que no quite un dolor. Ten esperanza en tu corazón nuevamente. Pronto coloqué al niño cerca de su corazón. Cuando lo vio, despertó el sentimiento maternal. Abrazó al niño con la fuerza de un amor incontenible e indescriptible.

- Confío en tus palabras. Me levantaré, cuidaré de mi hijo, la razón eterna de mis días y llenaré mi alma de esperanza, porque un día volveré a encontrar mi amor – dijo la esclava.

Dos días después ya estaba de pie. Y esa tarde trajo al niño a visitarnos.

Pero también era el día en que el niño debía regresar a su destino.

- Ya no me voy de mi tierra, me quedaré aquí. Quiero ayudarlo.

Le aconsejé a la joven:

- En la vida no podemos poner desvíos en nuestros caminos, aquello que el Señor ha trazado para cada uno de nosotros. Si el camino es recto y podemos seguir adelante. Cada desviación en la vida, impuesta por nosotros mismos, trae fantasmas que muchas veces no podemos afrontar. Sigue lo que Dios ha determinado para ti. Cuando seas más maduro, vuelve, porque no te faltará trabajo.

Y así, acompañado de mi patrón, me dirigí a la ciudad a vender el trigo y llevarme al joven para que continuara su viaje. La esclava, con su hijo en brazos, pidió acompañarnos para despedirnos. No lo dudamos y continuamos.

Cuando llegamos al centro de la ciudad, había una subasta de esclavos. Para nuestra sorpresa, allí estaba el esclavo, el amor de la joven, para ser vendido.

Como en las viñas de Dios no hay casualidades, llegamos al momento exacto de su negociación. Mientras nos acercábamos, la esclava vio a su amado con un anillo alrededor del cuello, siendo comercializado. Una mezcla de desesperación y agonía llenó su corazón. El niño que nos acompañaba, lleno de compasión, colocó la mano en la bolsa y dijo:

- Compraré este esclavo.

Después de la disputa por el nuevo esclavo, que era muy valioso, se acercó mi amo y le dijo:

- Ahorra tu dinero, le daré cinco sacos de trigo al esclavo. Vas a viajar y necesitarás dinero.

El dueño de la finca donde trabajaba, conociendo la historia, soltó al muchacho e, inmediatamente, los dos esclavos se abrazaron...

Entre cálidas despedidas, el joven dijo:

- Yo no quiero ir.

Lo miré y dije:

- Hijo, estamos puestos en un camino solo para aliviar la aflicción del otro. Pero, en el fondo de nuestra alma, tenemos que volar. ¡Ve! Sigue tu camino. Si regresas, por ese mismo camino, estaré aquí, esperando para llevarte a la granja.

El joven se fue con la experiencia del aprendizaje en su corazón. ¡Los dos esclavos, felices, tuvieron ocho niños! Y los vi nacer a todos.

23.-
Las preocupaciones de la vida

"... la memoria trae dolor; el recuerdo trae felicidad."

Pedro

A veces miro a los hijos de Dios encarnados y los veo inmersos en tantas preocupaciones de la vida. Las mujeres quieren tener hijos y pasan todo el embarazo preocupadas, deseando que llegue pronto el día del nacimiento.

Los hombres se preocupan cuando no encuentran trabajo. Cuando Dios les da el trabajo, oran para que termine el día.

Y así la vida pasa ante nuestros ojos sin siquiera saber por qué.

Por este motivo, es importante que sepamos esperar.

Esperar, porque todo lo que nos pasa tiene un motivo y una misión.

La soledad tiene la misión de enseñarnos a ver a Dios. Porque cuando tenemos mucha gente alrededor escuchamos a todos y no nos escuchamos a nosotros mismos.

La enfermedad tiene su misión. No pasa cuando queremos. Pasa cuando cumple su tarea. Y a veces su misión dura toda la vida.

Tenemos que aprender a esperar. A veces, una, dos, incluso tres vidas.

No tiene sentido saltarse el río que tenemos por delante. Si él está frente a nosotros es para que aprendamos a nadar. Porque en el agua no se salta, no se camina, se nada.

Y como deseamos tanto cambiar las formas de la naturaleza, generamos sufrimiento sin explicación.

Muchos lloran por la muerte, ¡pero la muerte es vida! Y también lloran por la vida.

No podemos pasarnos la vida intentando encontrar a alguien a quien culpar de nuestro dolor actual, nadie tiene la culpa de nuestra tristeza más profunda. Quien sea culpable del dolor y de nuestra invigilancia.

¿Por qué vivir en el ayer si Dios nos dio el hoy? Por tanto, la vida se compone de "hoy", no de "ayer" y no solo de "mañana."

Vivir del ayer es como la lluvia que no pasa. Y mirar atrás contando las caídas; lo que no tuvo, o lo que dejó.

Hoy solo nos queda esperar, sin pereza, trabajando, aunque el trabajo que queramos es uno y estamos ejerciendo otro. Trabajar donde estemos con el mismo amor como si estuviéramos donde tanto queremos, porque es ahí donde se está poniendo a prueba su amor.

No tiene sentido poner la responsabilidad que nos corresponde en manos de otros y de los invisibles.

Podemos modificar y llegar a donde necesitamos estar. Esperar, construir y saber que siempre después de una lágrima, estamos listos para sonreír.

Después de un corte en su corazón, Jesús envía veinte médicos para restaurarlo.

Después que se arranca una costra, Dios envía la cicatriz. Pero si nos picamos las heridas, aumentamos los cortes en el corazón, no hay médico que pueda curar el remordimiento y el dolor. Y no hay médico que pueda curar el sufrimiento que alguien nos ha hecho sufrir.

En la vida y en la animosa misión que llevamos a cabo solo nos queda una cosa: la fe. Perder la esperanza Dios hizo que perdiéramos el corazón.

Joya para cuando nos enfermamos, y fe para levantarnos.

24.- Aprendiendo a sentir

"Los vientos son nuestras vidas y el trigo es nuestro sufrimiento. Tenemos que saber vivir para no sentir dolor, porque las vidas son diferentes, pero los sufrimientos son siempre los mismos."

Pedro

La sobrina del dueño estaba por llegar a la finca y el día señalado fui a recogerla a la ciudad, ante el pedido de la señor, quien nos dijo que estaba muy enferma y vendría en busca de cura.

Cuando la vi, era hermosa. Sus ojos parecían dos pedacitos de cielo, su rostro parecían dos nubes de algodón y sus mechones parecían pelos de maíz al viento. Tan hermosa, pero tan sufrida por la enfermedad que llevaba consigo. Con ella estaba un doctor fuerte, bien vestido, la condujo con compasión.

La miré y ella me miró y cuando me vio se puso a llorar de la emoción.

Cuando llegamos, el médico inmediatamente nos ordenó a Morena y a mí alejarnos de la joven. Ya había elegido una esclava para que la cuidara.

Morena, triste, dijo:

- Creí que sería elegida, incluso hice un poco de caldo...

Animando ese corazón, dije:

- En la vida no siempre somos los elegidos, debemos aceptar los planes de Dios, por supuesto, siempre actúan a nuestro favor.

- Pero, Pedro, yo sé hacerlo - dijo Morena.

- Sé que sabes hacerlo, pero solo podemos hacer las cosas por los demás cuando ellos quieren recibirlas y cuando les sirven. No se le hace una camisa a alguien sin tener la talla adecuada - respondí.

Los días pasaron y miré. La habitación de la joven parecía una casa de barro cerrada. Pero entendí por qué: el pájaro solo vuela cuando tiene plumas en las alas para sostenerse en el cielo.

Esa mañana, el médico fue a la ciudad y el dueño de la finca vino corriendo preguntando para ayudar a la joven que de repente había empeorado.

Cuando llegamos, la muchachita ardía de fiebre. Después de muchos ungüentos y tés amargos, mejoró.

Feliz, Morena abrió las cortinas para dejar entrar los rayos del sol y luego trajo un poco de caldo. La joven bebió con dificultad el caldo y su rostro pálido dio paso a un color especial, como el de una rosa.

Sin explicación alguna, Morena, la anciana madre de leche, se había encariñado con la joven quien también le correspondía su cariño. Morena, discretamente, se estaba secando las lágrimas cuando me acerqué y le dije:

- Fueron pocas las veces que te vi llorar - Morena emocionada, dijo:

- Es que me recordó tantas historias que nunca vuelven.

El médico, al llegar, inmediatamente nos dijo que nos fuéramos y discutió con el dueño de la finca, diciéndole que todos éramos viejos brujos:

- O estos esclavos o yo.

El granjero gritó:

- Me quedaré con los esclavos.

Y así el doctor se fue.

Tiempo después, la joven se curó, se levantó renovada y parecía un canario. Ella se encariñó con Morena y ambas formaron una gran amistad.

Pero la vida siempre tiene sus leyes y llegó el día en que enfermé.

Una noche estaba en mi cama recordando las alegrías de mi vida cuando la joven se me acercó llorando y me dijo:

- No vas a morir, ¿verdad? Solo tu imagen vive en mi corazón.

Respondí murmurando:

- Hija, nadie es dueño del corazón de nadie. Es como una casa grande, llena de habitaciones, lista para acoger y amar a muchas personas. Solo soy un pedacito de una de tus habitaciones. Cuando muera, cerraré la puerta a la vida de la carne y abriré otra a una vida nueva. Por eso, hija, no dejes que la tristeza se apodere de ti, porque nunca estaré lejos de tu corazón.

- Aun así, ¿cómo voy a vivir sin ti? - Preguntó la joven.

- Cierra los ojos, ¿ves algo? - Yo le pregunté.

- No - respondió ella angustiada.

- ¿Me escuchas? - Pregunté de nuevo.

- Sí - afirmó.

- ¿Me estás sintiendo?

Con certeza en sus palabras, dijo:

-Algunas veces.

- No tengo ganas de vivir sin ti. Cuando llegue el anhelo, cierra siempre los ojos y estaré orando por ti. Permaneceré en silencio solo para escuchar la melodía de los latidos de tu corazón. Por eso, valor, porque todo en la vida tiene un tiempo para morir, para vivir y para tocar el cielo.

25.-
Soñar

"Ningún dolor dura más que un día, porque Jesús dio la noche y la Luna para refrigerio de alejar el dolor."

Pedro

A veces, cuando los árboles crecen y dan frutos, su mayor orgullo es mirar el fruto.

El manzano, cuando mira al mago, se alegra mucho porque nació su fruto y sabe que ha cumplido su misión.

La vida es el mayor talento que todos tenemos, pero la dejamos pasar demasiado rápido, dando por sentado cosas sin importancia.

No miramos el día, no nos levantamos por la mañana mirando al cielo, porque trasladamos los miedos de la noche al día que acaba de comenzar. Con cada hora, su miedo; con cada miedo, es hora.

Y toda la vida y el talento de Nuestro Señor. Es su amabilidad puesta en nuestras manos.

Pasamos horas y días llorando por el sufrimiento pasado.

Incluso el sufrimiento tiene su día y su hora.

Dejémoslo ir.

La medida del Sol y del día. No lloremos más de un día. Él ya es de ayer y ya hemos llorado por él las aguas de ayer. Hoy es otro para sufrir. Y en realidad, es otra experiencia de aprendizaje.

El árbol siempre se balanceará con la fuerza del viento, pero no debe hacer daño. Y recordar que tenemos un pequeño talento, la vida...

Solo tuve un sueño en mi vida. Y cuando la tristeza quiso visitarme, me interné en medio del bosque y me acosté entre las bengalas. Miré las nubes en el cielo y me dije:

- "Mi Señor, un día tocaré una nube, porque parece muy suave."

Solo tuve este sueño en la vida, tocar una nube.

Pero, un día, llevaba quince días atado a un tronco, sin agua, con la boca mojada en vinagre. Cuando estuve a salvo, fui al bosque, me acosté boca arriba y soñé que había tocado una nube.

Mientras tanto, un hombre bendito enviado de Dios besó mi frente, tomó mi mano, iluminó mi espalda herida y dijo:

- Pedro, a veces nos pasamos la vida soñando con lo imposible. Convierte tu sueño en algo posible. Levántate, porque si no puedes atrapar las nubes en el cielo, yo te las traje y representaron valor, esperanza y fe en tu vida.

Cuando abrí la mano, había una nube en ella.

De todos modos, había tocado una nube.

- Ahora que has cumplido tu sueño, vuelve a la vida sin revueltas y vuelve a soñar con algo posible, que puedas lograr.

Me levanté y cada persona que se acercaba a mí pidiéndome ayuda, era mi nube, que siempre cultivaré.

26.-
El verdadero valor: la vida

"La felicidad es como una brisa: la deseamos tanto, pero como llega tan suavemente, sopla y ni siquiera la vemos."

Pedro

Llegó a la finca una chica muy amable. Tenía ojos grandes, parecían dos piezas del cielo.

Ella estaba esperando un hijo, pero llevaba tanta tristeza consigo que nos entristecíamos con solo mirarla. El dueño de la finca vino a verme una noche y me dijo:

- Ya no vio al padre de su hijo. Desilusionada, vino a tener este niño aquí, pero no quiere este niño, así que le conseguiré ayuda.

Preocupado le pregunté:

- ¿Por qué no quiere el niño?

El granjero respondió:

- Ay, Pedro, no lo sé. Y la tristeza se apoderó de ella y ahora ya no le queda nada que hacer. Se encerró en su habitación y nadie la saca. Ella solo sabe llorar, hasta los de afuera escuchamos sus sollozos.

No come y no quiere ver a nadie.

- Todo en la vida tiene algo que ver. Y simplemente nos reímos - dije con seguridad.

Fuimos a la cocina, agarré un plato de gachas de harina de maíz y se lo llevé a la niña. Ella me miró y dijo algunas palabras groseras. Al día siguiente, nuevamente se negó a recibirme. Al tercer día, esa mañana soleada, recogí un montón de bengalas para la niña. Llamé a la puerta, se abrió de mala gana y la miré. Cuando me vio, empezó a llorar. Como era tan feo, pensé que había asustado a la niña. De repente, ella dijo:

- De alguna manera, que no puedo explicar, te conozco.

Pasé toda mi vida con todos conociéndome y yo sin conocer a nadie. Aun así le pregunté:

- Habla hija, ¿por qué hay tanta tristeza en tu voz? ¿Por qué tanto dolor en tu corazón?

Con tristeza en su corazón, ella respondió:

-Amé demasiado, amé tanto, pero la vida me quitó el amor. Y ya no quiero vivir, no quiero nada más de esta existencia. Éramos muy felices, pero ahora estoy sola. Por favor déjame morir…

- ¡Hija, no llores! Recuéstate aquí en el regazo de este viejo. ¡Cree, en la vida todo es como inundaciones! Vemos agua, no sabemos de dónde, y parece que todo está destruido. ¡Calma tu corazón! Porque aunque la muerte esté presente, la vida continúa. Y continúa, que a veces, incluso cuando estamos muertos, podemos sentir el olor del agua de lluvia, del cielo, de la tierra. Dios no es injusto - le expliqué.

Viviste demasiado este amor y te lo puso difícil. ¿Por qué querer morir, por qué? ¿Por qué querer irte si tu amor vive dentro de ti? No gastes tu vida viviendo en el pasado, ni arruinando tu vida, sigue adelante, porque el amor de Dios es mayor.

- No quiero a ese niño - dijo la joven.

- Pero la vida y Dios lo quieren y tendrás que dejarla nacer - insistí.

Pasaron los días y ella se encariñó mucho conmigo. En la granja teníamos algunas guarderías donde atendíamos a los niños rechazados, hijos de esclavos con sus amos - entre otros. Ese día necesitábamos ayuda para cuidar a los niños. Ella, con su gran barriga, no dudó y nos ayudó.

Durante la misma enfermedad, empezó a sentir los dolores del parto. Los esclavos corrían de un lado a otro trayendo agua y paños limpios, y nos pasamos toda la noche para que diera a luz.

Después de mucho sufrimiento, con el nacimiento del Sol, el silencio fue roto por un pequeño llanto, un niño fuerte y sano volvió a la vida.

Una esclava llamada Morena lo colocó en un paño blanco, lo puso en brazos de su madre y dijo:

- Llévate a tu hijo. Peor que perder un amor, hija, y perder la fe en la vida. Es peor que perder la esperanza y perder la fe en una vida. Toma tu pedazo de amor que no ha muerto, porque está dentro de ti, respirando, hablándote, dándote valor para continuar. No renuncies a vivir. Toma a tu hijo en tus brazos y vuelve a ser feliz.

El tiempo siguió su curso, el niño creció y años después, yo ya era mayor. Miré a ese niño a mi lado y dije que no lo vería hacerse más adulto. Y no lo vi.

Entonces, una noche que yo estaba muy enfermo, la joven se quedó en la finca ayudando en la cocina, después de terminar sus tareas, se acercó a mí y me dijo llorando:

- ¿Me perdonas?

-Pero ¿por qué, hija mía? - Respondí sorprendido.

La joven explicó:

- Porque un día casi no te escuché. Hoy estoy tan feliz que me da vergüenza mirar atrás. Cada vez que veo a mi hijo corriendo de un lado a otro y a Morena cuidándolo con un pedacito de Dios, se me llenan los ojos de agua. Ni siquiera sé qué decir.

Satisfecho con su transformación le dije:

- Feliz el que sabe pasar la vida llena de dificultades, pero que permanece fiel al propósito de vivir y que sabe que nada es más grande que Nuestro Señor Dios y que nada puede vencer la fuerza que viene de arriba en el cielo.

Pueden quitarnos las sandalias de los pies, nuestras mantas, pero no nos quitan la fe, porque quien tiene fe, hija mía, se levanta cada mañana feliz, sin mirar atrás, sin contar las caídas de la vida, mirando hacia adelante y en cada momento sabe que Dios no lo desampara. A veces es necesario morir para que nazca otro. El amor más grande es el que da la vida para que nazca otra. Por eso, que cada día de ahora en adelante que estés siempre llena de esperanza y fe. Porque Dios nos dio esperanza para perder y fe para mantener. Así que no turbes tu corazón con hechos pasados. ¡Espera! Porque ahí es donde está nuestro destino.

Después de unos días, morí con la bendición de Dios. Este muchacho fue un gran hombre en su historia - Brasil. Era un gran médico de la salud y, si no fuera por él, no se sabría mucho sobre la cura de muchas enfermedades.

A veces, en nuestro egoísmo, no vemos y no comprendemos el amor de Dios, que siempre en sus planes nos reserva la misión del trabajo y la esperanza colectiva, que es, al final, el valor de una vida.

27.-
El perdón y la corrección

"¡De nada sirve ser libre sin saber serlo!"
Pedro

Yo ya era viejo y, en ese momento, llegaron a la finca unos sobrinos del dueño, llenos de ideas de libertad. Llegaron llenos de sueños y ganas y convencieron al dueño de la finca para que entregara la mitad de los esclavos para trabajar como hombres libres. Y así comenzaron a involucrarse con causas abolicionistas en Brasil.

Sin embargo, uno de estos chicos tuvo un berrinche conmigo y se juntó con los demás para hacer observaciones sobre mí. Sin embargo, me gustaba mucho.

Este tipo era abogado y siempre venía a mí y me decía:

- Pedro, no te entiendo. Eres una vergüenza con este conformismo. ¡Permaneces junto a los demás, aceptando todo, haciendo todo!

Simón, que estaba junto a nosotros, me dijo:

- Pedro, si sigue hablando así, lo voy a reprender. Este joven es demasiado atrevido.

Caritativamente respondí a Simón:

- Paciencia, Simón. Hay que esperar porque la maduración de la "médula" no ocurre de la noche a la mañana, ni tampoco de un día para otro. Se necesita tiempo, a veces vidas, encarnaciones.

Y un día, cuando el dueño de la finca estaba de viaje, el joven me invitó a ir con él a la ciudad. En mi inocencia acepté e incluso empaqué el carrito.

Cuando llegamos a la ciudad, el joven me ató en un lugar para que sirviera de ejemplo y comenzó a dar conferencias. Me quedé en silencio, bajo el sol y jugué con un niño que estaba allí. Por ejemplo, ordenó al capataz de su granja que me golpeara con una hoja de plátano. Sin embargo, su orden fue rápidamente rechazada, ya que el empleado era amigo mío. Entonces el joven llamó al capataz de la finca vecina. Éste me dio una paliza.

Después de la paliza, le pedí al muchacho que fuera a la finca, sin problemas, para llamar a Simón y a Mamacita para que me ayudaran. Pero le pedí al chico que no dijera que estaba mal.

Sin embargo, llegó a la finca gritando:

-¡Ayuda! ¡Ayuda! Pedro está en la ciudad recibiendo una paliza.

Todos en la granja dejaron lo que estaban haciendo y se fueron a la ciudad.

También fue el dueño de la finca, porque había regresado, y dio una corrección a sus sobrinos. Algunos se fueron y solo quedó el muchacho que me había maltratado.

Me tomó unos días recuperarme.

No podía estar tranquilo ni frío.

Todos en la granja miraron enojados con el chico. Mamacita dijo:

- ¡Pedro, si se me pone delante le doy una paliza!

Nadie habló con el chico. Solo lo hacían con el rabillo del ojo. Y el chico tenía muchas ganas de acercarse a mí, pero nadie se lo permitía.

Una noche, de repente, una sombra se acercó, arrastrándose por el suelo. Era el muchacho.

- Pedro, todas las noches vengo a verte. Lo siento mucho... Nadie me deja acercarme a ti, así que vine escondiéndome.

- Hijo, siéntate aquí - dije.

Y pasando mi mano por la mano del chico dije:

- La peor enfermedad de un hombre es el remordimiento. Porque el remordimiento es una frustración en la vida. Y no podemos llevar eso en la vida. La libertad, hijo mío, vive dentro de nosotros mismos. ¿De qué sirve una carta de manumisión si no somos libres de corazón? Para todo lo que hacemos tenemos que tener el alma libre. No podemos descargar nuestras frustraciones con los demás. Por lo tanto, mira dentro de ti y busca la razón de tu vida. ¡Está dentro de ti y no la ves!

- Pero ¿cómo puedo hacer algo si todos me desaprueban?

- Todo lo que hacemos en la vida tiene una consecuencia. Solo el tiempo nos dará la certeza de todo lo que hacemos, que todo lo podemos, de todo lo que podemos dar, de lo que tenemos para dar. ¡No mires lo que pasó! No digas lo que dejaste. ¡Mira dentro de ti, usa tu inteligencia y encuentra tu camino! A veces solo; otras, acompañado; triste o feliz. Es una misión que, a veces, tenemos que cumplir solos.

Pedro vivió unos años más. El chico vivía en la finca junto con Pedro y siempre le pedía consejo. Morena y Mamacita corrigieron al chico, que vivía trabajando y ayudando a los esclavos sin utilizar la fuerza, pero enseñándoles a ser libres.

¡De nada sirve ser libre sin saber serlo!

28.- Esperanza

> *"Nuestra ignorancia no nos permite creer en la fuente de nuestra fe."*
>
> Pedro

Cuántas veces miro a la tierra y veo personas sentadas en el banco de la vida, llorando y bloqueando su corazón. Y va la vida, y ellos, viendo pasar el río y llorando porque se fue.

En otra ocasión, ya era muy mayor y, de vez en cuando, necesitaba hablar a solas con Dios. Esa mañana le dije a un buen amigo llamado Simón:

- Voy al río y ya vuelvo.

Simón, preocupado, me advirtió:

- Estás tan enfermo que la brisa del río podría hacerte daño.

Fue entonces cuando le aseguré a mi amigo:

-La brisa de la naturaleza no nos hace daño. Las enfermedades solo entran en nosotros si se lo permitimos. De alguna manera me dejé enfermar. Pero además no quieren matarme, soy muy mayor. Solo quieren enseñarme a tener fuerza y a seguir viviendo.

Y así fui, y cuando llegué, me senté junto al río. Cuando miré más abajo estaba mi amiga Mamacita, pensativa, silenciosa, con los ojos perdidos y humedecidos en lágrimas, como si el sonido del agua de aquel río fuera igual al latido de su corazón. Me acerqué y pregunté:

- ¿Por qué lloras?

Entre lágrimas, ella respondió:

- Un anhelo por el pasado que nunca volverá – entre sollozos, continuó -. Yo era muy pequeña cuando nació mi hijo y mi amo lo entregó al mundo. Y no sé dónde está.

Intenté consolar a aquella hija de Dios:

- Hija mía, si tuviera la oportunidad, solo aliviaría el dolor en tu corazón. Y sé que Dios, que nace y lo sabe todo, algún día traerá tu hijo de vuelta contigo.

Mi amiga Mamacita dijo:

- ¿Cómo puedes mirar atrás sin permitir que te duela el presente? Tenía tantas ganas de aprender a olvidar...

Respondí sin dudarlo:

- Ten esperanza y cree en el futuro. Porque quien vive del pasado es como el agua de este río, pero quien vive mirando la dirección del agua, vive con la esperanza de saber que el agua desemboca en el mismo lugar, en el océano que es el corazón de Dios. Por tanto, si tienes el dolor de un pecado, el dolor de tu sufrimiento pasado, deja libre tu corazón, porque entonces no estará lleno de cosas que no sirven y habrá un lugar para que tu hijo regrese.

Se secó las lágrimas de la cara y me miró con ojos grandes:

- Dejemos de hablar. ¿Qué haces junto al río con esa camisa abierta? Tu salud puede empeorar. ¡Vamos!

Volvimos sonriendo.

El tiempo pasó. Cuando estaba en mi lecho de muerte, llegó un joven médico que me conocía desde hacía mucho tiempo:

- Escuché que te estás muriendo. Ojalá pudiera hacer algo para evitar que esto suceda. Te necesitamos mucho...

Lo miré y dije:

- Tendré que morir algún día, sé que viniste aquí para tratar de cuidarme, pero no me quedaré lo suficiente y sé que harás lo que sea necesario por mí.

Luego de realizar los trámites médicos, me miró con ojos grandes:

- Después de mucho tiempo, descubrí mi historia. Mi abuelo me contó que, cuando nací, me quitó a mi madre y me entregó a una tía, su hermana, para que pudiera vivir lejos. Hoy daría mi vida o un pedacito de cielo si pudiera conocer a mi madre.

Algún tiempo después llamé a Mamacita. Ella entró sospechosa y le dije:

- Mira, hijo, esta es tu madre.

Por eso, la esperanza es la que cambia el curso de nuestras lágrimas, y el coraje es el que nos hace seguir por el camino correcto hacia nuestros verdaderos logros y felicidad.

29.-
Saber esperar

"El dolor y el sufrimiento también tienen sus sonrisas y sus encantos..."

Pedro

Qué difícil es tener paciencia para esperar a que las cosas lleguen en el momento adecuado.

En la vida queremos el fruto, pero para ser fruto, primero fue una semilla. Y tenemos que plantarlo, cultivarlo y saber el momento adecuado para añadir más tierra...

Ya era mayor, pero decidí plantar un hermoso y colorido jardín, porque cuando creemos en Dios y en nosotros mismos no hay límites. Planté este jardín en un terreno productivo que podría usarse para cultivar una plantación de algo para comer.

Entonces aparecieron las bengalas, era imposible que pasaran desapercibidas viendo la cantidad de bengalas que nacieron, lo pajaritos jugaban entre ellas, aportando un toque especial, como si un artista hubiera pintado precioso cuadro.

Pero, esa mañana, el dueño de la finca, con los ojos llorosos, dijo:

- Pedro, vamos a arrancar bengalas para plantar frijoles porque, ya sabes...

Desafortunadamente, los hombres hablan así, "porque que ya sabes...", pero yo no lo sabía, porque él no lo dijo.

Le respondí al dueño de la finca:

- Si no hay manera, ya está dicho. Hijo, entonces, empieza a arrancar las bengalas.

Confieso que con cada bengala que tomaba, mis ojos se llenaban de agua. Así que volví a plantar una flor junto a los frijoles. Los dos brotaron en paz. El dueño de la finca, al ver lo que hacía, dijo:

- Los frijoles tampoco sobrevivirán porque esta tierra está casi muerta y tengo que aprovechar sus últimas fuerzas.

Insistentemente le pregunté al granjero:

- Hijo, ten paciencia. La sabiduría es saber esperar. No tiene sentido apresurarse en lo que no se domina. Incluso queremos acelerar lo que también dominamos. Queremos que el día avance, pero no lo dominamos. Queremos que el agua venga del río, pero no controlamos el agua. Queremos que las plantas crezcan, pero no dominamos la vida vegetal.

Él me respondió:

- ¿Cómo me pides paciencia? Estoy desesperado y tengo que vengar esta plantación, esa es mi última esperanza.

- Hijo, todos tengan paciencia. Es que pasamos toda la vida ocupándonos de nuestras preocupaciones y olvidamos que la paciencia es igual a las flores de Dios, Nuestro Señor. Necesita tratamiento, agua y amor. Y la paciencia que no se ama, no dura - le dije.

Pasó el tiempo y las bengalas y los frijoles nacieron uno al lado del otro.

Por la noche fui con mi gran amigo Simón.

Coseche las bengalas para no lastimarlas, antes de cosechar los frijoles.

Por la mañana, había un montón de bengalas apiladas y los frijoles listos para ser cosechados.

Sorprendido, el dueño de la finca me preguntó:

- Pero, Pedro, ¿dónde y cómo recogiste este ramo de flores?

Respondí:

- Hijo mío, del lado de tu deseo estaban los frijoles, pero la voluntad de Dios fue la flor. Ahora ve a la ciudad y vende las flores. Mientras tanto, yo voy a recoger los frijoles.

Cuando en la vida sabemos esperar, todo se equilibra. Y victoria y felicidad. Mientras no nos equilibramos y no esperamos a que las cosas maduren, nunca seremos felices. Es más, no dejaremos que los demás sean felices, porque alguien esperará esa flor de la misma manera que tú esperaste los frijoles.

A cada uno lo suyo y a cada uno su dueño. Por eso, de nada sirve llamar "Señor, Señor", hay que saber esperar y trabajar.

30.-
El desapego

*"Nada es de nadie. Todo es libre y hermoso,
si sabemos mirar correctamente."*

Pedro

Siempre me gustó nadar. Pero debido a mi avanzada edad, solo refresqué el cuerpo en el agua del río.

Un día, llegó a la finca el sobrino del dueño del rancho. El dueño dijo que le iba a regalar un terreno a su sobrino para que criara vacas. Y me informó:

- Pedro, tú y Simón deben ayudar a mi sobrino en esta tarea.

Y así, Simón y yo nos fuimos a la otra finca. El muchacho miró al río y quedó encantado.

Una mañana, mientras me estaba extrayendo leche, escuché a alguien pedir ayuda:

- ¡Pedro, ayúdame! Dos vacas y un caballo están muriendo en el río...

El joven estaba desesperado, mientras yo pedía calma y paciencia, pero los hombres no estaban tranquilos.

El joven, Simón y yo fuimos al lecho del río. Seguí pidiéndole paciencia al joven y diciéndole que los animales volverían.

En una decisión, he aquí, el joven dijo que cruzaría el río.

Yo tuve mucho miedo y le aconsejé que no lo hiciera, pero él dijo que era nadador y que no pasaría nada.

El joven llamó al capataz y con las lanchas fueron a cruzar el río. Le pedí a Simón que trajera otro barco de repuesto y lo dejara en la orilla del río.

Cuando los dos estaban en medio del río, he aquí los animales regresaron. Las vacas regresaron, se sacudieron y se tumbaron a mi lado.

El caballo hizo lo mismo y jugó conmigo, empujándome.

Cuando los dos jóvenes regresaron, estaban muy enojados y el sobrino me dijo:

- ¿Fuiste tú entonces quien envió las vacas y el caballo al otro lado? ¡Estos animales están todos alocados!

Y, mientras me miraba enojado, para justificarse, ordenó sacrificar allí mismo a los tres animales.

Me quedé con el caballo toda la noche, cuidándolo, esperando que llegara su muerte. Mientras esperaba, el dueño de la finca se acercó a mí llevando una calabaza con frijoles.

- Pedro, ya lo sé todo. Morena me lo dijo. Voy a golpear a mi sobrino.

Yo dije:

- Hijo, ¿puedo pedirte un favor?

- ¡Habla, Pedro! - Respondió el dueño de la finca.

- No hagas eso. No golpees a tu sobrino.

- Pero, Pedro... - dijo el dueño -. Pensé que me ibas a pedir algo más. Otro caballo que amas tanto.

- No estés triste, jefe mío, porque murió feliz y dando alegría. En la vida hay que saber cuándo soltar las cosas, la vida, las personas, lo que ni siquiera es nuestro.

Y, por nuestro egoísmo, no damos paz a los demás - comenté.

Dije que no quería otro caballo porque nada es de nadie. Todo es gratis y hermoso, si sabemos mirar correctamente.

31.-
La jabuticaba del viejo Pedro – aprendiendo a escoger

"La libertad no está en el piso, sino en el corazón."

Pedro

Nos gusta mucho hablar.

Dios nos dio dos oídos, pero a veces no usamos ninguno de ellos.

La gente complica las cosas más simples, se queja de ellas y olvida que son el resultado de elecciones.

Las chicas quieren amar, pero quieren el amor sea todo escrito y perfecto para ser entendido. Pero el amor no se entiende así, no está para leerse. Su perfección está en sentirlo.

En otra ocasión, ya era demasiado mayor, me senté en una roca y pronto vino mi amiga Mamacita:

- Tengo ganas de comer jabuticaba.

Entonces le advertí:

- Pero, hija, aun están fuera del punto de ser cosechadas.

En la finca había un viejo árbol de jabuticaba, que tenía casi mi edad. Yo mismo lo había plantado cuando llegué a esos lares. Y todos los dueños de la finca, incluidos los que pasaban por allí, le tenían mucho cariño, porque producía mucha jabuticaba y por eso hablo mucho de este hermoso y querido árbol.

Ese árbol era demasiado frondoso. La gente venía de todas partes a chupar la conocida "jabuticaba del viejo Pedro", porque eso decía todo el mundo.

Mamacita insistía en querer comer la fruta fuera de temporada.

- Pero el pie está cargado, incluso está curvado. ¿Por qué no puedo comer?

Respondí:

- Porque no es el momento.

- ¿Cuándo es el momento para ti? - Preguntó de nuevo.

La miré profundamente a los ojos y dije:

- Paciencia. El tiempo pertenece a Dios. Solo la mente puede determinar cuándo.

Ella se fue molesta y se fue. En ese momento no podía caminar.

Pasaron dos días y Mamacita se acercó a mí, pálida y tranquila, lo cual era muy raro en ella. Aproveché la oportunidad para descubrir:

- ¿Qué te pasó? ¿Estás enferma, hija? Nunca te había visto tan tranquila.

Todos, tratando de salvarme, me ocultaron la verdadera razón del estado de salud de Mamacita.

Por la noche empeoró. Me llevaron a donde estaba y pronto lo entendí. Vi un plato lleno de jabuticaba.

Le pedí a mi amigo Simón que fuera al bosque a buscar hierbas. Le preparé un medicamento y se lo di, y pronto mejoró. Por la mañana ya estaba saltando de un vistazo a otro.

Ya aliviado, le dije:

- Que Dios te bendiga. ¿Estás mejor? Ahora dime, ¿por qué te comiste esa jabuticaba?

Ella dijo:

- Las ganas eran mayores y no podía esperar.

Tomé sus manos y le dije:

- Hija, la vida es como un árbol de jabuticaba. Sí, espera, porque en la vida esperamos hasta transformar nuestra existencia en un frondoso árbol de jabuticaba, rico en un fruto llamado sabiduría. Y para esperar a que nazca la jabuticaba, tenemos que tener valor, porque el valor para cosechar la jabuticaba es el mismo que el valor que tenemos para esperar a que nos quiera. El amor al fruto lo madura al punto que está listo y quiere, y es hora que lo cosechemos. Es el tiempo que maduramos porque nos volvemos inteligentes. Cuando el fruto no nos quiere, muere en el árbol y nos toca a nosotros entender que nos dijo que no. Si dijo que no es porque es de otro y nadie tiene por qué querer la jabuticaba que no le pertenece. Porque, a veces, la jabuticaba que queremos es de otra persona y no es nuestra.

- ¿Y qué hacemos con nuestros deseos? - Volvió a preguntar Mamacita.

- Se aprende en la vida que hoy podemos querer jabuticaba, pero si miramos hacia un lado, hay un naranjo y, a veces, es el momento de chupar naranjas y no comer jabuticaba - respondí.

Ella se fue tranquilamente, pero cinco días después estaban todos comiendo jabuticabas del viejo Pedro.

32.-
Enfrentando los desafíos

"Solo perdemos lo que no es verdadero y no nos pertenece."

Pedro

A veces pasamos toda nuestra vida pensando que Dios nos ha olvidado.

Yo era demasiado viejo...

En aquella época, dentro de nuestras limitaciones, construíamos unas casas que llamábamos posadas, donde atendíamos a niños abandonados, ya fueran hijos de esclavos, blancos o ancianos, que ya no tenían fuerzas para trabajar.

Estos posadas eran levantadas en terrenos que nos fueron cedidos gracias a la gentileza del dueño de la finca donde vivíamos.

Todos me conocían, pero yo no conocía a nadie. Conocían los caminos que tomé para cumplir con mis obligaciones.

Y por donde pasaba, mujeres jóvenes, que no querían a sus hijos, los dejaban en el camino porque sabían que yo los recibiría. Algunos me decían: "Pedro, conozco tu bondad, llévate a mi hijo, algún día lo buscaré."

Pero rara vez regresaban...

Dos grandes amigas llamadas Mamacita y Morena se dedicaron al cuidado de estos hijos de Dios. Una tarde, ambas vinieron a mí preocupadas, Mamacita dijo:

- No cabe nadie más en la casa. Vinimos a pedirte que no traigas más niños, porque cuando sales tú y Simón siempre traes a alguien.

- Pero hijas mías, ¿qué vamos a hacer? - Pregunté.

Mamacita volvió a preguntar:

- No traigas a nadie más. Ni siquiera tenemos más leche.

Pero no podía estar sin ayuda. Para ello pregunté:

- ¿Cómo se puede dejar a alguien abandonado en el camino? Tengamos fe porque el Señor nos ayudará a ayudar a Sus hijos.

Morena se adelantó y dijo:

- No tenemos más leche.

A la mañana siguiente salí con Simón y fui a la finca del vecino. En el camino escuchamos un pequeño grito a lo lejos. Simón pronto se preocupó:

- ¿Qué haremos? Recuerda que Mamacita y Morena dijeron que ahí no cabe nadie en la casa.

En silencio caminé hacia el arbusto, cuando abrí las ramas, entre las hojas, había un niño, con ojitos que ni siquiera se abrían. Me quité la camisa y la envolví. Poco después lo abracé y le dije:

- ¡Simón, vámonos!

Cuando llegamos, Mamacita y Morena me miraron, pero no querían ni ver esa carita que parecía una margarita.

Parecían enojadas... Pero a veces, las chicas dicen cosas y luego lloran de arrepentimiento. Morena dijo:

- No da más...

Sin decir una palabra, ella y Mamacita se fueron y dejaron a un niño necesitado con dos ancianos: Simón y yo.

Miré a Simón y dije:

- Mi amigo. Encontraremos una manera. Nos turnaremos para cuidarlo día y noche.

- Que Jesús nos sostenga, porque de niños no entiendo nada. Prefiero cultivar la tierra - respondió Simón.

Pasó un mes y el niño se hizo fuerte. Una noche, Morena nos vio a Simón y a mí coqueteando con el chico. Poco después, ella y Mamacita se acercaron llorando:

- Pedro, no sabíamos que te quedaste con el niño. ¿Por qué no nos lo dijiste? - dijo Morena.

Cuando Morena y Mamacita vieron el rostro del niño, se conmovieron. Poco después, hubo una pelea sobre quién cuidaría al niño.

Entonces, una noche estaba solo, cuando las dos se acercaron:

- Pedro, ¿nos perdonas? - Preguntó Mamacita.

Yo, sin entender mucho, pregunté:

- ¿Qué, hija mía?

Mamacita guardó silencio y Morena explicó:

- Que te dijimos que no. No sabemos cómo explicarlo, pero ese chico se parece un poco a nosotras.

Mirando a los ojos de aquellas chicas, hice que mis palabras penetraran en el corazón de cada una de ellas.

- Hija, a veces, en las adversidades que atravesamos, Dios nos está mostrando una joya que no podemos ver. Al límite del pan, aprendemos a no comer pan, sino a chupar una naranja. Al borde del camino aprendemos a elegir mejor los caminos. A la hora de cubrirnos del frío, aprendemos a exponernos menos y aprovechar las oportunidades que Dios nos da, los rayos del Sol, para calentarnos. En el grito de la partida de quien más amamos, Dios nos está dando la oportunidad que comience un nuevo amor, ya sea en la alianza, ya sea en el sepulcro, ya sea en el camino, ya sea en el sendero. Lo importante es aprender que somos elegidos por Nuestro Señor, ya sea para la adversidad, para la sonrisa, para la alegría o para la tristeza. Y así como nosotros elegimos, alguien también nos elige a nosotros. Los lugares nos eligieron, así como nuestro amor y hasta el hijo quien murió nos elige. Por eso, nunca podremos decir que no, aunque sea a las lágrimas de hoy, porque las lágrimas de hoy son nuestras sonrisas de mañana.

Ambas empezaron a llorar. Y Mamacita insistió:

- Aun así, todavía falta leche.

Ah, le expliqué en voz baja, solo para que su corazón pudiera escuchar:

- Y hija, y cuando no hay leche y prepárate para aprender a mirar lo que recibimos y lo que tenemos a la mano. Y a veces, lo que tenemos en nuestras manos es nuestro futuro. Y lo que tanto queremos y que no está en nuestras manos es el futuro de otros, y si es otros, no nos pertenece.

33.- Hora de salida

"Solo lo que no es nuestro lleva tiempo. Lo que es nuestro llega en el momento justo."

Pedro

Era demasiado viejo, solo era un hombre que vivió demasiado...

Tenía un perro al que quería mucho. Me acompañó muchos años, pero su tiempo también había pasado y envejeció igual que yo. Y así, en todo en la vida, llega el momento de entregarnos a Nuestro Señor. Finalmente, ese querido animal enfermó.

Todos en la granja estaban entristecidos. Nadie quería que muriera. Mamacita, mi amiga, estaba descontenta y le dije:

- Hija, hay que dejar que las cosas sigan el camino definido por Dios.

Y el perrito tardó mucho en morir y una noche, todos lloraban, me acerqué a todos y les dije:

- Hijos míos, a veces demasiado amor es también sinónimo de esclavitud. Y el mayor regalo que damos a quienes amamos es la libertad. Que la libertad repose en el animal.

Temprano en la mañana murió, hicimos lo que teníamos que hacer y allá fuimos, Simón y yo, caminando, en silencio, extrañando a nuestro amigo.

En el camino pasé cerca de un arbusto y se escuchó un pequeño llanto, un niño sin madre y junto a él, una camada de cinco cachorros.

Simón dio la bienvenida a los cinco animales; yo, al niño y seguimos nuestro camino.

Cuando llegamos, Mamacita dijo:

- ¿De dónde trajiste a este chico?

Aproveché para mostrar el regalo que le habíamos traído.

- Hoy no solo traje al niño, sino unos cachorritos para ti, uno para cada una de mis hijas que cuidan este lugar.

Me miraron enojadas y no querían los cachorritos. Se preguntaban cómo cuidarían de tantos animales.

Sin contención, los tomé y los cuidé a todos. Por la noche, las jóvenes corrían juntas, Mamacita se acercó:

- Pedro, te traje una calabaza de frijoles. Los perritos ladraban rogando mis pies.

Las jóvenes que la acompañaron se emocionaron mencionado cuando Mamacita dijo:

- ¿Dónde encontraste estos cachorros?

Miré a Simón y pensé: a veces las chicas olvidan cosas de la mañana cuando llega la noche, así que es mejor no decir lo contrario. Entonces, se llenaron de amor por los cachorritos, cada una tomó uno para cuidar.

Cuando se fueron, miré a Simón y dije:

- A veces, uno tiene que morir para dejar paso a que otro renazca, hasta conformar las páginas de la humanidad.

34.-
El tamaño de las cosas

"El amor es como uvas en un escondite que, a veces, no podemos comer, porque la uva que queremos no se puede separar de su vid."

Pedro

Miro a los hijos de Dios que están vivos en la Tierra y siempre los veo sufrir porque afrontan todo demasiado rápido. Quieren un fruto, pero no lo han plantado y no tienen paciencia para esperarlo. Quieren ir de un lugar a otro, pero a veces tienen miedo de correr riesgos.

No entiendo por qué tanto miedo. Y hay muchos.

Van por la vida con miedo, sin dar un paso adelante. Porque Nuestro Señor tuvo la inteligencia de hacer que todos avanzaran y no retrocedieran.

Por tanto deseo, empiezan varias cosas y no terminan ninguna. Pierden la calma y se preocupan sin motivo. Muchos creen que Jesús se olvidó de ellos porque las cosas no son como ellos quieren.

En otra ocasión, una amiga llamada Mamacita se acercó y dijo:

- La harina que tenemos no alcanza para dos días. ¿Qué vamos a hacer? Sin ella no puedo hacer el trabajo... Todos tendrán hambre. No entiendo por qué estás tan tranquilo. Tenemos que hacer algo.

Con calma le pregunté:

- ¿Cuánta harina te queda todavía? ¿Cuántos panes puedes hacer?

Ella fue, contó, volvió a contar y volvió:

- Son unos cien panes.

- Conozco tus cuentas, así que alcanza para cuatrocientos. Si eso es verdad, hija, tenemos harina para cuatro días, ¿no? - Bromeé con ella.

Porque cien era la cantidad de personas que teníamos que alimentar. Entonces dije de nuevo:

- Entonces dale un pan a cada uno, ¿no, hija?

- Solo alcanza para cuatro días. - respondió Mamacita.

Y estábamos haciendo los panes, ni menos, ni más. Al cuarto día, el dueño de la finca se enteró que no teníamos más harina y me ofreció:

- Pedro, escuché que no tienes harina.

Traje algunas bolsas.

Mamacita me miró, disimuló y se fue. Le agradecí al dueño de la finca, quien se fue y, luego, regresó. Ah, volví a preguntar:

- Hija, ¿cuántos días le das a esta harina?

Ella dijo, volvió a contar:

- Alcanza para unos quince días.

Entonces respondí:

- Entonces son veinticinco, ¿no, hija? A veces, en la vida, el problema no es tan grande como pensamos que es. Grande es el mar, y el cielo, son las estrellas, son los planetas de Dios.

Y a veces, con irritación, pierdes la oportunidad de ver el tamaño exacto de las cosas. No todo es tan grande, ni todo es tan pequeño.

Todo es del tamaño de los ojos de nuestro corazón.

35.- *Enseñar*

"En la vida solo podemos expresar nuestras ideas cuando nos lo piden; de lo contrario. es mejor callar para no opinar sin fundamento. Debemos respetar a quienes nos escuchan."

Pedro

Cierto día, Nuestro Señor Jesús, allá en las alturas, llamó a todos sus buenos trabajadores y habló así:

- Les llamé porque irán a la Tierra a enseñar a los hombres a esperar.

Y ahí se fueron, todos felices, porque cuando alguien recibe un desafío, todos están felices. Un tiempo después, uno a uno, llegaron para hablar con Jesús, todos con la cabeza gacha, con el corazón apretado, avergonzados y preguntaron:

- Señor, ¿qué hicimos mal? Fuimos a la Tierra, enseñamos a esperar.

Lo sabíamos todo, pero cuando dijimos que nos estábamos preparando para ir allí, no querían saber, no se preocupaban por nosotros, te querían a Ti.

Jesús escuchó y dijo:

- ¡Cálmense, cumplieron tus misiones! Si los hombres no han aprendido a esperar, han aprendido algo más: a tener fe y a saber que, un día, volveré. Y este regreso se llama esperanza. Hijo mío, nadie puede perder la fe. Incluso se puede perder la esperanza, pero vivir la vida sin ella es lo mismo que pasar los días amargando el triste sabor de la soledad.

Recordemos que Dios hizo las lágrimas para que nuestros ojos brillaran más. Porque mientras los ojos lloran, el corazón tiene que sonreír, porque le devolvemos al cielo un pedacito de paz. Y Dios nos confirmó que este pedacito de paz vive dentro de nosotros.

36.- Perseverancia

"El silencio es el mensajero de los cielos, y nuestra renovación no comienza en nuestro corazón, sino en nuestra conversión."

Pedro

Allí en el cielo, un ángel se acercó al Nuestro Señor Jesús y le dijo:

- Mi Señor, no tenemos nada más que hacer. Le dije que se secara, el ángel de la lluvia le dijo que lloviera. Le ordené al ángel del agua del río que detuviera las aguas, pero los ángeles del río se unieron y crearon un océano. Ya no sé qué hacer. Todos siguen quejándose...

Jesús enseñó:

- La Tierra, para aprender cada cosa a su tiempo, nuestro Dios, concederá un ciclo, un período para cada cosa, semejante a las estaciones - verano, primavera, otoño e invierno. La vida de cada uno de los hijos de Dios tendrá una temporada por vivir, para aprender a valorar a la otra que viene después.

Un día será la estación del agua, del llanto, todos llorarán porque sentirán algo, alegría o infelicidad.

Luego viene la estación seca, la hora de la sonrisa en los labios o del silencio también, porque el silencio enseña mucho más que las palabras. También habrá una temporada de enfermedad. Y después de la enfermedad, nos llegará la temporada de la salud, que es donde surge la conciencia de salir del mal en aquel entonces, para no volver a enfermarme.

Luego viene la temporada de falta de frijoles en la calabaza para que puedas venir a la bonanza más tarde. Y luego, con la calabaza llena, los hombres aprenderán que agregar más agua a la calabaza les da más jugo y podrán compartirlo con otros, pero para todo esto, los hombres tendrán que aprender a regresar a la Tierra, nuestro Dios les dará algo especial; demasiado especial: el camino a la esperanza.

A cada curva de ella o comienzo de una nueva temporada, la llamaré nuevo comienzo, para que cada uno sepa que dentro de su corazón tomará la fe. Pero la fe tendrá que caminar feliz para resistir los golpes de la vida. Levantarse para que pueda caminar un poco más. Porque al final de cada tristeza, para quien tiene esperanza, siempre habrá un nuevo comienzo, y un nuevo comienzo lleno de alegría. Por eso, perseverar es siempre el camino que nos lleva a Dios y al triunfo.

37.-
La leyenda del trabajo

"El nacimiento del sufrimiento solo se comprende cuando aprendemos a seguir adelante con la vida sin mirar atrás, sin sentir dolor en el corazón."

Pedro

Era demasiado mayor... y demasiado enfermo.

Esa noche, Mamacita se acercó y dijo:

- No tendremos nada que comer en dos días. Además, la leche se acabará en cinco días. Dentro de diez días no tendremos ropa que ponerles a los niños. No tendremos buena agua porque pronto llegará una inundación. Por tanto, no podremos acoger a nadie más.

La miré y dije:

- ¡Hija, paciencia! No deberíamos preocuparnos demasiado por el mañana...

Mantengamos la confianza porque Jesús no nos abandonará. Escuche esta historia:

Una vez, allá en el cielo, en las alturas, Nuestro Señor Jesús llamó a los ángeles y les dijo que fueran a la Tierra a enseñar a los hombres cómo trabajar y luego regresaran para narrar sus hazañas.

No pasaron cinco días y los ángeles regresaron. Jesús preguntó entonces por qué habían regresado sin siquiera haber llegado al momento de cosechar.

Un ángel se adelantó y dijo que cuando dijeron que los hombres tenían que trabajar, comprar la semilla, elegir la tierra y plantarla, esperar a que la semilla germinara y luego cosechar, simplemente dijeron que no harían eso. Se quejaron del dinero, de la calidad de la tierra y de las semillas, dijeron que no podían soportar el peso de las bolsas, otros dijeron que no tenían tiempo para esperar. En medio de tantas quejas e inquietudes, decidieron regresar.

Jesús les pidió que regresaran y dejaran una bolsa de semillas para sembrar y luego regresaran.

Tiempo después regresaron más felices y le dijeron a Jesús que la misión estaba cumplida.

Cuando los hombres tuvieron dolor, la tierra fue elegida. Y mientras ella era elegida, otros se acercaron a ellos. Entonces, los ángeles se dieron cuenta que si eran ellos quienes plantaban y enseñaban a plantar, sin querer imponer nada a nadie, los hombres los entenderían. Y así fue. Los que no podían entender se fueron.

Jesús explicó que la viña del Padre es para todos, pero no todos entenderán y el que no entiende no debe ser odiado, ni olvidado, porque un día volverá a Dios. Debemos olvidarnos de poder sembrar la tierra, porque un día cuando estén bien volverán con paciencia, sin preocupaciones y harán lo mejor por sí mismos, para que las cosas salgan bien. Luego, más maduros, encontrarán la luz interior a través del trabajo, el ejemplo y la resignación.

Después de contar esta historia, Mamacita miró a Pedro y con los ojos llorosos dijo:

- No podemos mentirte.

Respondí:

- En la vida vale más una verdad dolorosa que una mentira oculta.

Mamacita continuó:

- Queríamos que le pidieras al dueño de la finca otra donación y tal vez, viendo que se estaba acabando todo, le pidieras más provisiones para abastecerte para mañana.

Entonces hice esta declaración:

- Dios es sabio. Entre un día y otro, Él creó la noche que fue hecha para ayudarnos a tener fuerzas para el día siguiente, porque lo que no nace hoy, mañana es el olvido. En la vida, hija, solo perdemos lo que no es nuestro, porque no perdemos lo que es nuestro. Y así hija, cuando estemos allá arriba en el cielo, volando, Dios nos ordenará regresar a la Tierra, eso nunca lo olvides. Y cuando llevemos mucho tiempo en la Tierra, Dios nos enviará nuevamente a volar por el cielo. No tanto el cielo, ni tanto la Tierra. Hoy tenemos todo lo que necesitamos para ser felices, así que vivamos un día a la vez.

38.-
Escuchar

"¿Cómo sería, si Dios, nuestro Señor, pusiera un rey en la Tierra y no le permitiera conocer el color del cielo? Por eso Jesús vivió entre los hombres, sintió sus miedos, pero no perdió la alegría de un día haber visto el cielo azul..."

Pedro

En la vida, debemos comprender el momento que vivimos.

Creemos que el sufrimiento nunca terminará. Algo tan pequeño a veces parece del tamaño del cielo. Pensamos que todo es tan grande y que no tenemos el poder de ser felices. Experimentamos tantos conflictos en nuestras vidas.

Nos miramos a nosotros mismos y queremos ser alguien más. Nunca entendí esto, porque siempre quise ser yo mismo. Me gustaba ser yo mismo.

No podemos ser otros, porque somos nosotros mismos. Es así de simple: somos nosotros mismos y tenemos una belleza que los demás no tienen.

Y muchos van por la vida llenos de dudas porque creen que de la nada se nace.

Y así fue como una vez, cuando ya era muy viejo, esa tarde, me enfermé. A veces, en la vida queremos cosas, pero las cosas no nos quieren a nosotros. Queremos salud y ella no puede satisfacer nuestros deseos, porque todo tiene su momento. Pero en determinadas ocasiones nadie se entiende.

Hay que escuchar nuestro corazón. Así, escucharemos lo que Nuestro Señor nos dice, porque la palabra no puede ser conflicto. En momentos de conflicto, la mejor solución es el silencio, para que los oídos puedan escuchar los pensamientos, para que las manos ejecuten lo que pensaron los pensamientos, porque no tiene sentido pensar sin acción. En la viña de Nuestro Señor, la mayor belleza es saber escuchar y no entrar en conflicto con lo que muchas veces se le da tanto valor y que, en verdad, no tiene ningún valor.

Es hora de saber escuchar las razones del conflicto, de la pelea, del desorden y saber que en la vida es importante salir un poco de escena, porque retroceder no significa cobardía, sino inteligencia, y luego regresar ganador. Y vuelve victorioso y decide vivir, porque el conflicto es del tamaño de nuestros ojos, los ojos de quienes ven.

39.-
Espera el tiempo

"La paz, el amor y la libertad están dentro de nuestra alma, como si estuviéramos con Jesús de Nazaret."

Pedro

Cierta vez, en una noche estrellada en la hacienda, estábamos mis amigos Simón, Mamacita y Morena y yo sentados alrededor del fuego, cuando una joven, sobrina del dueño de la hacienda, se acercó y llorando dijo:

- Pedro, perdí la esperanza. Todas las oportunidades me fueron quitadas, incluso a mi hijo. El Señor me abandonó...

Consolé a la joven:

- Hija mía, la vida se compone de muchas oportunidades. Con ellas podemos mirar hacia adelante sin desanimarnos. Tu corazón está lleno de dolor. Tus padres murieron y viniste a vivir aquí.

Sepa que Dios toma un amor para dar cinco en su lugar. Él quita la tierra para que podamos aprender a sentarnos en una roca, para que podamos mirar las nubes en el cielo, para que podamos escuchar el canto de los pájaros. Cuando fijamos nuestra mente en una cosa única, la vida nos aleja de eso, y si miramos la vida de otra manera, todo mejora con seguridad.

Emocionada, tomó mis manos como pidiendo ayuda. Mientras las lágrimas corrían por su rostro, dije:

- Llora aquí en mis manos, como si tus lágrimas cayeran como lluvia del cielo y devolvieran la esperanza a tu corazón aparentemente incoloro o sin vida. Llora en mis manos, como si las lágrimas pudieran traer de vuelta el dulce canto, la esperanza viva que nunca separa el amor profundo de nuestros corazones. Llora, como si la lluvia del cielo lo llevara a las alturas y lo trajera de regreso a la tierra sin convertirlo en duras piedras, silencio sin compasión. Mientras la muerte exige su silencio, recoge en su silencio las palabras más dulces de la expresión más viva de quien sufre con confianza, pero que nunca olvides que la gloria de Dios se establece en el nuevo comienzo. Llora, como todos los rincones del cielo, como los pájaros que vuelan, pero que regresan certeramente a sus nidos y que saben devolver al cielo lo que no les pertenece. Por tanto, deja que el Señor, el Señor de la Gloria, recoja tus lágrimas, silencie tus labios y devuelva la esperanza a tus manos. Llora, pero llora con confianza, porque quien muere, no muere. Porque quien muere renace, y quien renace reencarna en vidas nuevas, en cuerpos nuevos, y en el silencio de los que quedan lo que queda no es más que el suave sueño de una nueva esperanza.

Recuerda que continuar es necesario y no pierdas más tiempo llorando por tus pérdidas y no llenes tus pensamientos de pesimismo o arrepentimientos. Espera el tiempo porque siempre trae sorpresas que siempre motivan la vida para lo mejor.

Mantente en Jesús porque Él prometió: *"Nunca te dejaré, nunca te desampararé."* [6]

---

[6] Pablo, Hebreos, 13:5. Nota del autor espiritual Ferdinando.

40.- Prejuicio

"Todos llevamos una enfermedad: el prejuicio hacia nosotros mismos y también hacia los demás. Y este prejuicio solo puede curarse si estamos tranquilos... Para ello, necesitamos tener el valor de reconocer, de saber que podemos cometer errores, equivocarnos, pero siempre tenemos la oportunidad de empezar de nuevo."

Pedro

A veces, hijos míos, queremos el mundo entero...

Queremos la montaña en otro lugar; queremos que el río pase por el fondo de la finca, como nuestra casa...

A veces, los chicos quieren a las chicas de otras personas, y las chicas quieren a los chicos de otras personas... A veces, todos quieren casas grandes... solo para que vivan dos personas... ¡para vivir, y no verse!

A veces queremos los buenos carros y nos olvidamos que Dios dice ¡no! Esto es para evitar acercarnos a la muerte.

A veces tenemos que aprender a romper el prejuicios dentro de nuestro corazón, que es condicional: tenemos prejuicios contra nosotros mismos.

En otra ocasión llegó una niña a la finca, prima del dueño de ese terreno. Tenía 12 años y estaba a punto de morir. Esta niña vino con su padre y su madre. Cuando llegó, inmediatamente comenzó a darle órdenes a Simón. Simón me miró y dijo:

- Eso no funcionará, Pedro.

Y Simón aun debería cuidar de la niña.

- Pero, Pedro la niña es respondona. Todo lo que hace Morena es inútil y no sirve de nada - dijo Simón.

Mamacita dijo a continuación:

- Déjamelo a mí y te la desenrosco en dos días.

Sin embargo, les pedí a todos paciencia. Cierta noche, el dueño de la finca me dijo:

- Pedro, nunca me he arrepentido de nada en mi vida, pero ahora sí me arrepiento de traer a esta chica aquí... Ella se queja de todos... ¡hasta los perros quieren atacarla!

Yo le dije:

- ¡Cálmate, cálmate, hijo mío!

Una mañana, la niña decidió ir sola a buscar un caballo. Le aconsejé que era mejor no hacerlo y que tuviera cuidado.

La chica mirándome dijo:

- ¿Cuidadosa? ¿Quieres hablarme así? ¡Sé montar muy bien!

Yo respondí:

- Soy alguien que aunque me odies, siempre te amaré.

Por la noche, mientras estaba sentado en un taburete aparecieron el padre, la madre de la niña y el dueño de la granja.

- Pedro, ella se fue al bosque. Solo puedes ayudarnos. Solo tú conoces estos bosques - dijo el padre desesperado.

La madre me dijo:

- La mimé demasiado. Porque ella no es de mi sangre. Le di todo lo que quería para que no sufriera y creo que ella era esclava de eso.

- Todo lo que arruinamos se puede arreglar. Nuestro Señor Jesucristo lo arregla todo - dije.

Y de ahí Simón y yo nos adentramos en el bosque, pues solo nosotros conocíamos la región como nadie. Pasamos toda la noche buscando a la niña y cuando la encontramos parecía una alondra sola, perdida, diminuta...

Me acerqué lentamente a ella y la acaricié, le dije:

- ¡Vine a rescatarte! - Ella se acurrucó junto a mí.

- ¿Por qué hiciste eso, niña? - Pregunté.

- Pedro, porque fuiste el primero que dijo que me amarías tal como soy. Sé que no soy hija de sangre de mi madre...

Y le dije:

- Hija, perdóname. Solo el amor puede perdonar. Tienes el mundo para vivir. Eres como las aves del cielo, como los peces en el agua. Por la mañana te llevaré a verlos. Puede que no tengas la misma sangre que tu madre, pero eres hija de su corazón. Fuiste elegid para ser amado.

- Pero ahora, Pedro, ya no le agrado a nadie - respondió la niña.

Dije de nuevo:

- ¡No, no, hija mía!

Ella regresó y todos tenían prejuicios contra la niña, pero yo ayudé a romper esos prejuicios. Sin embargo, después de cinco días, enfermé y estuve a punto de morir.

La niña se encariñó con Simón y dondequiera que uno iba, el otro estaba. Yo morí y ella se quedó en la finca.

Todos llevamos una enfermedad: los prejuicios contra nosotros mismos y también contra los demás. Y este prejuicio solo puede curarse si tenemos las manos tranquilas... Para ello, necesitamos tener el valor de reconocer, de saber que podemos equivocarnos y cometer errores. Pero siempre tenemos la oportunidad de empezar de nuevo.

41.- Valor

"Solo es esclavo el que tiene la mente cautiva, pero el que tiene el corazón libre no es esclavo."

Pedro

¡Señor Dios! Bendito sea Tu nombre entre todas las civilizaciones, entre los pueblos, entre los corazones que me escuchan en este momento. Permítenos, Señor, avanzar por los portales del tiempo sin olvidarnos de nosotros mismos, sin mirar atrás, sin culparnos ni llenarnos de remordimientos, sino mirando al futuro conscientemente que el Señor siempre reserva para nosotros lo mejor: el mejor camino, la mejor dirección. Y por eso te rogamos, Amado Señor, valor.

Valor para aceptar nuestras carencias, para modificar nuestras acciones oscuras, para intentar mejorar, para amar sin fronteras, a construir con razón, a crecer hacia los cielos y a sembrar la gentileza de vuestro cristianismo. Ánimo, Señor, para pedirte paciencia. Paciencia porque somos imperfectos. Y en esta imperfección necesitamos Tu comprensión y compasión. Y por eso, Maestro Amado, dejamos en Tus manos nuestras más puras impresiones, que son palanca en nuestros corazones.

42.-
Las estrellas en el cielo

"En la vida solo se queda cerca de nosotros quien nos ama. Y a quienes nosotros amamos, también llega la hora de decirles, hasta pronto."

Pedro

Después de todo, yo estaba en la granja, era muy mayor y tenía un perro que también era muy mayor. Empecé a admirarlo, cuando el Doctor Saúl, en espíritu, se sentó a mi lado y me dijo:

- Pedro, este perro se va a morir.

Y le rogué:

- Pero doctor Saúl, pídale a Dios que me deje un tiempo más a mi amigo. Él me gusta mucho.

Pero una noche, mi perrito estaba apoyado en mi pie y cuando me miró, se fue.

Mi amigo Simón se puso a llorar. Morena y Mamacita también se acercaron y lloraron. Pero yo estaba feliz. Y todos me preguntaban:

- Pero Pedro, ¿no eras tú el que oraba para que se quedara un poco más?

Entonces miré a todos y respondí:

- ¿Saben por qué estoy tan feliz? En la vida solo están cerca de nosotros aquellos que nos aman. Y a quienes queremos también llega la hora de decirles hasta pronto.

Entonces, a la hora de decir hasta pronto, tenemos que entender que es un suspiro. Mantente al frente, nos encontraremos. Y si no vuelvo a ver a mi perro, si ha vuelto a nacer, no importa. Porque cuando nuestros amores mueren, se convierten en estrellas, que permanecen en el cielo mirándonos. La muerte no existe. Y si queremos ver todos nuestros amores es solo mirar al cielo, ellos nos estarán mirando.

43.-
La verdadera riqueza

*"No estoy contento con un pedazo de papel,
porque lo más importante es la vida."*

Pedro

Cuando estaba en la finca, todos se acercaban a mí y me decían: "¡Pedro, te voy a liberar!" Recibí muchos papeles y ni siquiera sabía para qué servían. Y todas las libertades que gané, se lo di a la gente.

Un día, estaba sentado en un taburete y el dueño de la finca se acercó lleno de alegría:

- Pedro, ya no morirás como esclavo, así que te liberaré. Toma aquí tu libertad.

Lo miré y dije:

- Hijo mío, ¿qué voy a hacer con esto? Aun más viejo como yo.

El dueño de la finca intentó explicarme:

- Mira aquí tu nombre, Pedro. ¿No estás feliz?

Entonces le dije al dueño de la finca:

- Hijo, no soy feliz con un pedazo de papel porque lo más importante es la vida.

Cuando me ofrecieron un terreno dije: "para qué quiero un terreno si tengo las bolsas." Llené mis bolsillos con tierra y cada vez que quería oler la tierra, simplemente metía la mano en el bolsillo.

¿Para qué querría un jardín si podía plantar margaritas por todas partes?

¿Para qué querría un techo si me gustaba dormir mirando las estrellas? Bueno, ahí están mis amores.

¿Para qué querría chanclas si podía caminar con los pies en el suelo?

Solo tenía una camisa. Morena y Mamacita siempre se peleaban conmigo cuando tenía que sacarla a lavarla al río.

Para qué querría todo esto si soy feliz con los bolsillos llenos de tierra y de su amor. Esa es para mí toda la riqueza que podría tener.

44.-
La dirección del viento

"...así como el viento sopla, entra."

Pedro

Después, una joven llorando se sentó en un taburete y me habló así:

- Pedro, no te preocupes por mí, sino por mis hijos.

No sabía si sus hijos se convertirían en esclavos, dónde estaban o si serían vendidos. Fue un grito que salió del interior del vientre.

Yo hablé:

- Hija, así como sopla el viento, entra. Y lo que es tuyo, regresa con el viento, hija.

Pasaron dos días y el dueño de la finca dijo:

- Pedro, nadie quiere a este niño esclavo.

Yo le dije:

- Yo lo quiero hijo, déjalo conmigo porque estoy muy viejo y él puede trabajar conmigo en el fundo.

Dijo que podía hacer lo que quisiera con él.

Entonces, tomé a ese esclavito, que era alto, en realidad todas eran más grandes que yo, y me fui. Y la niña seguía en el taburete llorando, llorando... y, allí le dije, hija, el mismo viento que sopla hacia adelante es el mismo viento que sopla hacia atrás, mira aquí tu hijo que regresa.

45.-
Las vaquitas

"Lo nuestro es nuestro, lo que es de otros es de otros, y solo perdemos en la vida lo que no es nuestro."

Pedro

Cuando estaba así, bien viejo, en la finca, era tan viejo que, a veces, miraba al suelo para cazar mi sombra y ya no la veía, porque ya se había muerto. Mi corazón no latía, zumbaba. Y allí estaba yo sentado en la orilla del río, y vi un rombo.

-Pedro, ayúdame, Pedro.

Yo dije:

- Hija, ¿qué pasó?

- Mira conmigo, Pedro, mira conmigo que Mamacita te está llamando. ¡Hasta pronto!

Yo caminaba a gran velocidad y ella:

- Pedro, te estás demorando mucho.

Pero llegué y allí estaba Mamacita:

- Pedro, no sabes lo que pasó.

¿Conoces las vacas en la parte trasera de mi jardín? Las tres vaquitas que gané, Pedro, ¡no es que se las llevaron y las amarraron allá arriba!

Y ella continuó:

- Tienes que ir a buscar mis vacas, Pedro.

- ¿Y por qué yo, hija?

- Porque sin las vacas no tengo leche y sin leche no puedo cuidar a los niños en las posadas.

Miré a Mamacita y dije:

- Mamá, pero las vacas ni siquiera eran tuyas.

- No, Pedro, las pedí prestadas, pero las iba a devolver. ¿Cómo voy a devolverlas si ya no tengo las vacas?

Dije que iría allí y hablaría con los muchachos. Llegué de noche y allí estaba el dueño de la otra finca.

- Hola, Pedro, ¿qué viniste a hacer aquí?

Expliqué:

- Hijo mío, es que las vacas de allá abajo subieron a la montaña y se detuvieron dentro de tu patio trasero, estas vacas son realmente inútiles, las encerramos, pero trepan.

- No, Pedro, vinieron porque fui a buscarlas.

- No hijo, las vacas vinieron porque quisieron.

Miré al señor con ojos grandes.

- Pero Pedro, fui a buscar las vacas, las pesqué, y tú dices que vinieron. ¿Te has vuelto loco?

Le dije que en nuestra vida solo perdemos lo que no es nuestro. Porque lo nuestro vuelve directo al lugar de donde vino.

También le dije que quería disculparme, porque las vacas, que no eran nuestras, bajaron del monte, pero regresaron a donde tenían que estar, porque eran suyas.

- Estoy feliz porque encontraron el camino correcto. Mamacita estaba conmigo y se enojó, porque era solo por Jesús.

- Pedro, ¿tenías que ser un ángel aquí y ahora? ¿No podrías dejarlo para mañana?

Y volvimos y Mamacita me hablaba al oído. Cuando llegué, después, al cabo de un rato, llega el dueño de la finca con dos vacas.

Me miró y dijo:

- Pedro, cuando te vi dándome la espalda no pude soportarlo. Vine a regalarte dos vaquitas. Me quedé con una, pero estas dos son suficientes para que mantengas la calma. Estas son tuyas, Pedro.

Y luego miré al chico y dije:

- Pero hijo mío, ¿qué voy a hacer con dos vacas?

Pero no pasó mucho tiempo antes que Mamacita dijera que podía dejar las vacas donde estaban.

Ah, el muchacho se fue feliz. Porque, hijos míos, lo nuestro es nuestro; lo que es de los demás es de los demás, y solo perdemos en la vida lo que no es nuestro.

46.-
Fruto de la esperanza

"Podemos hasta perder la esperanza, pero la fe, nunca."

Pedro

Cuando estaba en la finca, a veces mirábamos la plantación de maíz y no teníamos esperanzas que creciera una mazorca, porque el Sol estaba allí firme y fuerte. Y el dueño de la finca vino a mí y me dijo.

- Pedro, ¿de verdad crees que vas a sembrar maíz en este campo seco?

Le dije::

- Sí, sí.

Y él respondió:

- Te estás volviendo loco, Pedro.

Respondí:

- No, no lo estoy, hijo, sé que de aquí van a producir semillas. Si no da una espiga de corte dará una espiga de semilla. Al día siguiente llovió, y al otro también, y la milpa estaba tan mala que no había esclavos que pudieran cortar las espigas.

Y aquí viene el dueño de la finca con una sonrisa de oreja a oreja:

-Pedro, ¿qué hiciste? No tenía esperanzas para esta plantación.

Lo dije así:

- Hijo, Dios nos dio esperanza para perder, ¿verdad? Por eso perdiste la esperanza. Pero no perdí la fe, porque sabía que ese maíz se iba a sanar y Dios iba a llorar sobre él, y luego lo íbamos a cosechar. Este es el fruto de la esperanza, ¿entiendes? ¿Me estoy volviendo loco?

Vamos a cosechar el maíz.

47.-
Sacudida en la vida

"A veces en la vida, cuando las aguas están muy tranquilas, tiramos una piedra para que las aguas se muevan, ¿no?"

Pedro

Cuando estaba en la finca me gustaba mucho hacer dos cosas:

Una era tumbarme en medio del bosque para mirar al cielo y ver las nubes. Estaban muy inquietos y yo siempre quise alcanzar una nube.

La otra era meter los pies en el agua tranquila, pero cada vez que me sentaba con los pies en el agua, venía Simón y tiraba una rama al río y el agua se llenaba de olas.

Dije:

- Simón, ¿por qué tocar el agua?

- Quiero ver las olas, Pedro.

Y cada vez que estuve allí él hizo lo mismo.

Hubo un día que llegó y estaba a punto de tirar la rama, yo la tiré primero que él.

Me miró y dijo:

- Pero, Pedro, soy yo quien tira las ramas y tú eres quien te mojas los pies. Siempre fue así...

Respondí:

- Hijo, tenemos que entender cuándo mojarnos los pies, cuándo no hacer nada y cuándo meternos con el agua.

Lo mismo ocurre con nuestras vidas. A veces tenemos que estar callados; a veces, simplemente revolverla un poco; pero a veces tenemos que darle una buena sacudida.

48.-
Solo mirar

"A veces nuestras respuestas están en el cielo. Así que ahí es donde tenemos que mirar."

Pedro

Después de todo, todos pensaron que me habían perdido.

Yo era demasiado viejo y todos hablaban mucho y, a veces, cuando todos hablaban juntos, sentía como una burla en mis oídos.

Y entonces, una noche, mi perro se perdió y fui a buscarlo. Me detuve allí en la puerta de la finca y estaba tranquilamente mirando al cielo, y entonces, todos me buscaban, me buscaban, ahí viene Mamacita y dice:

- Pedro, ¿qué haces aquí, viejo? Los cerebros de todos están detrás de ti.

Y a esa hija le dije así:

- Hija, solo estoy mirando.

- Pero ¿qué estás mirando, viejo Pedro?

Yo respondí:

- Las estrellas en el cielo, hija. Porque en la vida, a veces, tenemos que dejar de hacer todo y solo mirar.

49.-
Ángel de Dios

"Cuando sabemos dividir, Dios nos da siempre más."

Pedro

Una noche, cuando era muy viejo, estaba sentado en un taburete. Todos se quejaban que la cosecha no era buena, que faltaba agua para que bebieran los bueyes, que la tierra no producía nada, que todo estaba en una forma que era "solo para Jesús..."

Estoy sentado en el taburete y ahí viene Mamacita:

- Pedro, por Jesús, no hay nada más que dar de comer para los niños que están en las zonas retiradas. Hay niños muriendo de hambre... Pedro, ¿dónde está Dios? ¿Dónde está tu Dios, Pedro? ¿Dónde está tu Dios que deja faltos de alimento a los niños que recogiste a la luz de la Luna? ¿Qué voy a hacer pasar sin tomar leche? Mueren, dos o tres al día. Allá abajo, más cerca del río, el ganado que me prestaron, ya han muerto cinco cabezas y no tengo nada más que la tristeza dentro de mi corazón. La tierra está seca y nada cede. La desesperación me da tanto sufrimiento que, en diez días, lo que sé, con Morena, es enterrar lo que quedó, las lágrimas que caen de mis ojos sin saber qué hacer. Recuerdo lo que aprendí y hoy es tan fuerte decir ¿Dios existe?

Miré a Mamacita y dije:

- Hija, a veces, en la vida, la noche es más larga; a veces en la vida miramos más allá para ver el polvo; a veces, en la vida, solo vemos el dolor en el torso; a veces, en la vida, solo contamos las heridas de la espalda; a veces, en la vida, pasamos todo el tiempo mirando hacia atrás; pero hija, no hay sufrimiento que dure más de un día, porque Dios siempre reserva la noche para que descansemos la cabeza, y si hoy no tenemos nada en las manos, se nos ha ido la salud, el ángel de Dios siempre llega a colocar en nuestras manos lo que necesitamos.

Dios está donde debe estar, dentro de cada uno de nosotros.

Si bien pensamos que Él no cuida de nosotros, Él no escucha nuestras quejas porque sabe lo que necesitamos. Entonces hija, no te quejes, si Dios pidió que veinte o treinta niños volvieran a sus manos, a nosotros nos toca cavar las tumbas y orar a Dios. Si Dios pidió a los bueyes que regresaran a Él, solo tenemos que mantener a los bueyes en el suelo y esperar; si la tierra está sufriendo y está seca, no hay que golpearla con el azadón hasta que sangre. La tierra seca necesita descansar. Si el estómago está vacío, un ángel de Dios desciende de lo alto, y mañana tendremos qué comer, y tendremos fuerza en nuestros brazos para sepultar a los hijos de Dios, si no perdemos la fe. Por eso, hija, no nos cuentes qué pasó, mira lo que tenemos ahora.

Ella me miró con los ojos grandes, llorando, y le dije:

- Mira hija mía, en este momento no tengo ni una barra de pan en el bolsillo - ella me ponía pan en los bolsillos -, pero tengo mi regazo para dárselo, ven a llorar en él, hija. Se arrodilló, me abrazó y lloró, lloró.

Por la noche llegó el dueño de la finca y me dijo:

- Dejé cinco bolsas de harina de maíz ahí arriba para que le des de comer a todos.

Luego llegó el vecino y dijo:

- Pedro·, me enteré que los niños que recogiste se están muriendo, entonces vine a traerte veinte litros de leche.

Un poco más tarde, esa misma noche, llegó el dueño de otra finca cerca del río y dijo:

- Escuché que murieron cinco de tus bueyes, que eran los bueyes y las vacas en las que tenías fe, así que traje diez vacas de leche.

Más tarde llegaron unas niñas y trajeron ropa para los niños.

Y así, estuve toda la noche recibiendo cosas que traían la gente y yo miraba todo y decía:

- Dios mío, ¿qué voy a hacer con todo esto?

Mamacita se acercó a mí y dijo:

- Pedro, descubrí quién es el ángel de Dios. Eres tú, Pedro.

Yo le dije:

- No lo soy yo, hija, y cuando tenemos fe, todo lo nuestro llega a la finca adecuada, así que, hija, toma las vacas, dale de comer a todos y compártela con el dueño de la finca también, porque cuando sabemos compartir, Dios siempre da más.

En la vida, Dios siempre envía un ángel cuando nunca lo esperamos.

50.-
Bienvenido, Pedro

"El pasado oscuro, en el presente, se restablece ayudando en la construcción de un futuro perfecto."

Pedro

Cuando regresé a mi verdadero hogar, después de haber vivido demasiado, un amigo llamado Daniel me abrazó y, rodeado de una intensa luz superior, me dijo:

- Muchas veces, en las trayectorias individuales de los hijos de Dios, es común encontrar a estos mismos hijos llenos de dudas, de preguntas al Señor, de elecciones y de caminos y, muchas veces, inseguros, miran al cielo y dicen que no se sienten preparados para seguir viviendo. Se comparan con otras criaturas con mayor éxito, se comparan con criaturas con mayor fracaso.

Y así, delante del Señor, se presentan con el corazón enfermo, con la mente cansada y los sentimientos difusos. Sin saber qué camino tomar, se pierden entre los valles de sus propias inseguridades. Y olvidan que ahora es el momento de irse.

Irse, no en el sentido de morir, sino dejar ir el pasado para comenzar una nueva existencia en el presente.

Dejar ir viejos sueños, viejos conceptos y valores, dando paso a nuevos descubrimientos, nuevos segmentos de la vida, nuevas criaturas que se acercarán.

Dejar ir a los que ya se fueron, los vivos que muchas veces se convierten en fantasmas en la mente humana.

Dejarlos ir porque ellos también necesitaban otras experiencias, otras escuelas para su propio crecimiento.

Soltando las sombras, porque la luz es necesaria para iluminar los caminos, para asentar los corazones, vibrando en una frecuencia de alto valor, llevando a Dios la certeza de nuestra propia transformación.

Soltar las sombras para que la luz pueda establecerse, dando paso a la precisión, la delicadeza y la transformación.

Aceptar la diversidad, permitir una vida equilibrada, puede hacer que el amor sea soberano sobre cualquier prejuicio.

Es importante señalar que nuestro Señor Dios no pone a niños frágiles como testigos. Todos somos soldados, dentro de nosotros somos fortalezas. Hombres y mujeres, fuerzas de Dios, preparados para modificar el presente.

Sin embargo, es importante observar las razones libres de nuestras divergencias, por qué hoy el amor se transforma en tanta agresión, por qué Dios pone a los niños en brazos de las mujeres para silenciar sus angustias y apaciguar sus corazones.

Y muchas veces, por cosas tan pequeñas, las alianzas se desmoronan. Casas que fueron construidas sobre cimientos de amor se convierten en territorios de guerra y, muchas veces, en esta guerra, se hacen allí soldados del mal.

Todos somos soldados del bien. Pero para cambiar quiénes somos es necesario dejar ir viejos sentimientos y pensamientos, heridas que hoy se apoderan del corazón de esos mismos corazones que ruegan al Señor un nuevo amor. ¿Cómo llegará un nuevo amor a un corazón que hoy está lleno de remordimiento, dolor y odio?

Ya no miremos los defectos ajenos ni nos comparemos con quienes están a nuestro lado.

Tampoco debemos compararnos con los fracasos de otras personas porque toda relación es producto de mucho esfuerzo y mucha tolerancia. Nadie cruza los portales de la vida o de la muerte sin ser probado en su fe.

A menudo, lo que hoy parece un sufrimiento interminable son vidas y vidas que se preparan para encontrar una nueva puerta a la que seguir.

Nada sucede por casualidad y todos estamos llamados a la renovación.

Nuestro Señor no atribuye sufrimiento a uno u otro caso por caso, atribuye a cada uno la necesidad de transformación.

Y es por eso que atravesamos el tiempo, superando todos los obstáculos de aquella época, llegando al presente para advertir solo que todo es producto del esfuerzo individual de cada hijo de Dios.

Sin embargo, nadie va solo. Nadie recorre solo los caminos, ya sean de alegría o de sufrimiento. Somos nosotros quienes caminamos de la mano, impulsando a los hijos de Dios hacia una vida mejor, una vida renovada, una vida llena de luz.

Tengamos el valor de cambiarnos, tengamos el valor de ser diferentes porque la diferencia construye y, muchas veces, la igualdad se estanca. Y por eso Nuestro Señor nos llama a no observar más los defectos de los demás porque nosotros también tenemos defectos milenarios. Y si hoy estamos reunidos en el mismo ámbito, corporal o no, como yo, liberemos nuestra mente de nosotros mismos y miremos a la fuerza de Dios para tener la certeza que podemos transformarnos. Y es por eso que todos nosotros, superando los obstáculos más simples de la vida, nos encontramos ante Dios para simplemente empezar de nuevo.

Daniel me abrazó nuevamente y me dio la bienvenida:

- Por todo lo que has vivido, sentido, trabajado y amado, bienvenido, Pedro.

Suplemento

Para contribuir a los estudios relacionados con la Esclavitud y liberación de esclavos en Brasil, al revisar este libro, encontramos una gran cantidad de trabajos espirituales y no espirituales sobre este tema.

Sin embargo, nos topamos con un artículo publicado en el periódico *Correio Espírita*, en mayo de 2008, que fue resultado de una investigación realizada durante dos años por el periodista Marcelo José y el equipo del periódico.

Con autorización de los responsables de *Correio Espírita* y del periodista autor del trabajo, publicamos este folleto que mezcla historia, ciencia y, sobre todo, el espíritu de una época vivida en Brasil.

Todos los pasajes de este material periodístico están basados en documentos históricos disponibles en el Museo Imperial de Petrópolis - RJ y en el Archivo Nacional de Río de Janeiro, así como en obras espirituales reconocidas como *Brasil Corazón del Mundo, Patria del Evangelio*, del espíritu Humberto de Campos, psicografiadas por Francisco Cândido Xavier.

Gilvanize Balbino

La preparación de la abolición de la Esclavitud en el plano espiritual

La Misión de la Princesa Isabel

Foto: Joaquim Insley Pacheco, 1870

Isabel Cristina Leopoldina Augusta Miguela Gabriela Rafaela Gonzaga de Braganga y Borbón vino al mundo con su tarea en la bendita obra de la Abolición de la Esclavitud. Sin embargo, toda la marcha del proceso ya había sido perfilada por las falanges de Ismael, que buscaban liderar los movimientos republicanos y abolicionistas con gran serenidad y prudencia, con el objetivo de evitar conflictos. El momento de comenzar a cumplir lo establecido en el plano espiritual vino del mismo Maestro Jesús, según Humberto de Campos, en el libro *Brasil Corazón del Mundo, Patria del Evangelio*, escrito por Francisco Cándido Xavier:

- Ismael, el sueño de libertad de todos los cautivos debe hacerse realidad ahora, sin perder el tiempo. Prepararéis todos los corazones, para que las nubes sangrientas no lleguen al suelo bendito de la región del Cruzeiro. Todos los emisarios celestiales deben aunar esfuerzos para este propósito y, pronto, tendremos la emancipación de todos aquellos que sufren los duros trabajos del cautiverio en la tierra bendita del Brasil - dijo el Maestro Jesús.

La Articulación de Isabel

Con el acuerdo de Jesús, Ismael comenzó a articular lo que sería el fin de la esclavitud en Brasil. Bajo la influencia de los mentores invisibles del país, Don Pedro II fue destituido del trono a principios de 1888. Como resultado, la Princesa Isabel, que ya había sancionado la Ley del Vientre Libre en 1871 - ley que garantizaba la libertad a los hijos de esclavos - asumió la regencia. Bajo la inspiración de Jesús, Isabel elige al senador João Alfredo para organizar el nuevo ministerio, que estaría formado por espíritus notables allí encarnados. El 13 de mayo de 1888, los abolicionistas redactaron el proyecto de ley, que Isabel, rodeada de entidades angelicales y misericordiosas, sancionó sin dudarlo.

Los espíritus festejan la redención

En el libro *Brasil Corazón del Mundo, Patria del Evangelio*, de Humberto de Campos, a través de las límpidas Manos de Chico Xavier, relata la conmemoración del piano espiritual aquella noche de domingo.

- En este día inolvidable, toda una ola de luces compasivas descendió del cielo sobre la inmensidad del Norte y del Sur de la patria del Evangelio. Multitudes de seres invisibles acuden a Río de Janeiro y se unen a las grandes solemnidades de la abolición. Al lado del espíritu magnánimo con la Princesa, Ismael se quedó con la bendición de su generosa y conmovedora alegría. Mientras en el grupo se cantaban hosannas de amor, Ismael y la Princesa Imperial sintieron, en su gran alma, las más tiernas y dulces conmociones, los pobres y los sufrientes, recibiendo el generoso regalo del cielo, se iban a reunir en las caricias, alas del sueño, a sus compañeros de la inmensidad, llevando a las alturas el honor de su reconocimiento a Jesús que, con su infinita misericordia, les había concedido la carta de manumisión, incorporándose, para siempre, al organismo social de la patria generosa de sus sublimes enseñanzas.

Mil tronos darían por la libertad de los esclavos de Brasil

La abolición de la esclavitud se produjo mediante la Ley Áurea, firmada el 13 de mayo de 1888. La princesa Isabel utilizó una pluma de oro especialmente hecha para la ocasión y recibió elogios del pueblo de Río de Janeiro. Pero la élite empresarial cafetera no aceptó la abolición. El 28 de septiembre de 1888, la Redentora fue felicitado con la encomienda "Rosa de Oro", ofrecida por el Papa León XIII.

Joao Mauricio Wanderley (1815 - 1889), barón de Cotegipe, al saludar a la princesa, dijo: "Su Alteza liberó una raza, pero perdió el trono." Poco más de un año después, Isabel vería extinguida la monarquía en Brasil. Recordando la profecía de Cotegipe, declaró: "Mil tronos tenía, mil tronos daría por liberar a los esclavos del Brasil." La complacencia de la Princesa fue tanta que documentos su descubiertos recientemente revelan que su Alteza estudiaba compensar a los ex esclavos con recursos del Banco Mauá.

Autobiografía muestra la búsqueda de algo más

En la carta manuscrita titulada "Alegrías y tristezas" - en posesión del Museo Imperial de Petrópolis-RJ - la princesa Isabel describe simplemente los episodios de su vida. En este documento autobiográfico, que se estima fue escrito en 1905 y que se conservaba hasta hace poco en el Castillo D'Eu de Franga, Isabel demuestra su alto grado de espiritualidad, especialmente en el apartado donde dice: "¡La muerte de mi hermana y la pérdida de mi primera hija, que murió al nacer el 28 de julio de 1874, fueron mis muchos dolores durante 44 años! En la tendencia que Dios me dio de buscarlo en todo, a veces preguntaba - a pesar de estas dos grandes desgracias - si era suficientemente digna de su amor, para que Él no me experimente más frecuentemente. Al parecer, no tenía fuerzas para soportar aun más. ¡¿Él quería llevarme por el camino del consuelo y de la gracia que influyó mucho en mi carácter?! No digo nada.

Las pruebas vinieron después, pero mi alma se dirige al creador para agradecer.

"Dale toda la felicidad que todavía me deja en este mundo, con la expectativa que, como espero, me la dará en el otro."

Constitución del Imperio de Brasil de 1824

El primer fenómeno de Hydesville, en Estados Unidos, ocurrió recién en 1848. Pero la aceptación de la doctrina espiritual en Brasil se volvería difícil a través de la 1ª Constitución brasileña de 1824, que permanecería vigente hasta 1891.

El estado adoptó el catolicismo como religión oficial, según el artículo 5: La Religión Apostólica Católica Romana seguirá siendo la religión del imperio. A todas las demás religiones se les permitirá tener su culto doméstico o privado en casas designadas para este propósito, sin forma exterior de templo.

¿Quién es mi espíritu protector?

El arquitecto, profesor de diseño, poeta, crítico e historiador del arte, Manuel de Araujo Porto-Alegre (Barón de San Angelo), estaba muy conectado a la Familia Imperial, convirtiéndose en diplomático en varios países. También tiene un alto grado de espiritualidad. El 25 de diciembre de 1865 se encontraba en Dresde, Alemania, donde escribió una carta al escritor Joaquim Manuel de Macedo (Autor de *A Moreninha*), quien más tarde se convertiría en el maestro de los hijos de la princesa Isabel. Entre varias cuestiones, el Barón de San Angelo informó a Joaquim que la Princesa le había preguntado "¿quién sería su espíritu protector?"

Entre las cientos de fotografías almacenadas en el archivo histórico del Museo Imperial de Petrópolis (RJ), una llamó la atención del reportaje de *Correio Espírita*. Realizada para Alberto Henschel, quien fuera el fotógrafo oficial de la familia imperial, la imagen está catalogada en el "Libro de Titulares", que corresponde a los diputados provinciales de la época.

No me llamen Princesa

Isabel nunca ocultó su humildad mientras estuvo encarnada. Ahora desencarnada, continúa su trabajo de rescatar a los esclavos que aun están encarcelados y amordazarlos espiritualmente. Pero, en una psicofonía recibida el 3 de diciembre de 2001, para un grupo de estudio formado por diferentes médiums, entre ellos GEIR, Grupo Espírita Izabel y Redentora en un lugar específico - Rua Guandu, 146, Teresópolis, RJ - Isabel pide que no la llamen princesa nunca más:

"Dondequiera que haya un ser humillado, es mi hijo, dondequiera que esté para consolarlo. Junto a los hermanos, hay mayor esperanza en la tarea, aprender a amar, ayudar a levantarse. También estamos en guerra porque la esclavitud no tiene límites: económicos, políticos, ideológicos. Les pedimos que detengan las industrias de guerra. Les pedimos que inviertan en medicinas y vacunas. Dejen de enviar dinero para financiar mentes enfermas del mal. Detengan las humillaciones. No humillen a nadie más... Que el Señor los bendiga. No me llamen Princesa en el Hogar de Isabel."

Aun en la investigación que rodeó este libro sobre la esclavitud y la liberación de los esclavos en Brasil, seleccionamos algunas reflexiones sobre el racismo en el espíritu.

En El Libro de los Espíritus - Allan Kardec

"Pregunta 829: ¿Habrá hombres que sean, por naturaleza, destinados a ser propiedades de ¿otros hombres?

Y es contra la ley de Dios toda sujeción de un hombre a otro. La esclavitud es un abuso de fuerza. Desaparece con el progreso, ya que todos los abusos desaparecerán gradualmente."

Libro El Consolador - Espíritu: Emmanuel- Psicografiado por Francisco Cândido Xavier - Editora FEB - Federación Espirita Brasileira

"62 - ¿Cómo debemos ver la política del racismo?

Si es justo observar en los países de origen la agrupación de múltiples colectividades, a través de lazos afines con la educación y el sentimiento, la política del racismo debe ser vista como un grave error, que ningún pretexto justifica, ya que no puede presentar una base seria en su sentido general, acusaciones, que apenas ocultan el nefasto propósito de la tiranía y la separabilidad."

Libro Caminos de Vida - dictado por el espíritu: Cornelio Pires - Psicografiado por: Francisco Cândido Xavier - São Paulo: Editora CEU, 1996

"RACISMO

No hables ni escribas

Algo que duela o degrade;

El racismo es una herida abierta en el cuerpo de la humanidad"

Esta página fue encontrada entre las pertenencias del Sr. José Gongalves Sosinho Filho, vicepresidente del GEFFA (Grupo Espirita Fraternidade Francisco de Assis), ubicado en el barrio de Cachambi en Río de Janeiro.

Respetado trabajador y divulgador del Espiritismo a lo largo de su encarnación. Regresó a la patria espiritual el 27/08/2006.

A continuación sigue la hermosa reflexión escrita en vida por este respetable capataz del Señor.

Liberación

"¿Han meditado mis amados amigos sobre lo que ésta amada nación representará en el escenario mundial, cuando el pueblo esté completamente libre de hábitos negativos y supersticiones?

¿Han notado que, aun rodeados de emanaciones nocivas, el proceso de nuestra patria es enorme?

Ayer Brasil estaba dominado por el cruel régimen de la esclavitud del hombre sobre el hombre mismo. Maestros de gran sabiduría vinieron y firmaron la sublime Ley Áurea. Hoy la prisión es más oscura porque esclaviza la mente y el espíritu.

La máquina en desintegración aconseja, sugiere, conduce a las víctimas a ambientes contaminados que debilitan cuerpos y mentes.

Los desechos tóxicos afligen a las familias brasileñas. Los idealistas inseguros ya han concluido: pronto aparecerá un nuevo y bendito 13 de mayo que quitará la mancha ofensiva de nuestra gloriosa bandera.

Los libertadores de ayer permanecen a nuestro lado. Y seguimos, discretamente, más firmes en un ideal que es símbolo de amor y paz. Queremos ver a estas personas más sanas, en mejores condiciones para construir la nación pionera en el mundo de la fraternidad. Y todos pueden colaborar, a través del pensamiento, la educación, la cultura, el trabajo y la renuncia."

Grandes Éxitos de Zibia Gasparetto

Con más de 20 millones de títulos vendidos, la autora ha contribuido para el fortalecimiento de la literatura espiritualista en el mercado editorial y para la popularización de la espiritualidad. Conozca más éxitos de la escritora.

Romances Dictados por el Espíritu Lucius

La Fuerza de la Vida

La Verdad de cada uno

La vida sabe lo que hace

Ella confió en la vida

Entre el Amor y la Guerra

Esmeralda

Espinas del Tiempo

Lazos Eternos

Nada es por Casualidad

Nadie es de Nadie

El Abogado de Dios

El Mañana a Dios pertenece

El Amor Venció

Encuentro Inesperado

Al borde del destino

El Astuto

El Morro de las Ilusiones

¿Dónde está Teresa?

Por las puertas del Corazón

Cuando la Vida escoge

Cuando llega la Hora

Cuando es necesario volver

Abriéndose para la Vida

Sin miedo de vivir

Solo el amor lo consigue

Todos Somos Inocentes

Todo tiene su precio

Todo valió la pena

Un amor de verdad

Venciendo el pasado

Otros éxitos de Andrés Luiz Ruiz y Lucius

Trilogía El Amor Jamás te Olvida

La Fuerza de la Bondad

Bajo las Manos de la Misericordia

Despidiéndose de la Tierra

Al Final de la Última Hora

Esculpiendo su Destino

Hay Flores sobre las Piedras

Los Peñascos son de Arena

Otros éxitos de Gilvanize Balbino Pereira

Linternas del Tiempo

Los Ángeles de Jade

El Horizonte de las Alondras

Cetros Partidos

Lágrimas del Sol

Salmos de Redención

El Hombre que había vivido demasiado

Libros de Eliana Machado Coelho y Schellida

Corazones sin Destino

El Brillo de la Verdad

El Derecho de Ser Feliz

El Retorno

En el Silencio de las Pasiones

Fuerza para Recomenzar

La Certeza de la Victoria

La Conquista de la Paz

Lecciones que la Vida Ofrece

Más Fuerte que Nunca

Sin Reglas para Amar

Un Diario en el Tiempo

Un Motivo para Vivir

¡Eliana Machado Coelho y Schellida, Romances que cautivan, enseñan, conmueven y pueden cambiar tu vida!

Romances de Arandi Gomes Texeira y el Conde J.W. Rochester

El Condado de Lancaster

El Poder del Amor

El Proceso

La Pulsera de Cleopatra

La Reencarnación de una Reina

Ustedes son dioses

Libros de Marcelo Cezar y Marco Aurelio

El Amor es para los Fuertes

La Última Oportunidad

Nada es como Parece

Para Siempre Conmigo

Solo Dios lo Sabe

Tú haces el Mañana

Un Soplo de Ternura

Libros de Vera Kryzhanovskaia y JW Rochester

La Venganza del Judío

La Monja de los Casamientos

La Hija del Hechicero

La Flor del Pantano

La Ira Divina

La Leyenda del Castillo de Montignoso

La Muerte del Planeta

La Noche de San Bartolomé

La Venganza del Judío

Bienaventurados los pobres de espíritu

Cobra Capela

Dolores

Trilogía del Reino de las Sombras

De los Cielos a la Tierra

Episodios de la Vida de Tiberius

Hechizo Infernal

Herculanum

En la Frontera

Naema, la Bruja

En el Castillo de Escocia (Trilogía 2)

Nueva Era

El Elixir de la larga vida

El Faraón Mernephtah

Los Legisladores

Los Magos

El Terrible Fantasma

El Paraíso sin Adán

Romance de una Reina

Luminarias Checas

Narraciones Ocultas

La Monja de los Casamientos

Libros de Elisa Masselli

Siempre existe una razón

Nada queda sin respuesta

La vida está hecha de decisiones

La Misión de cada uno

Es necesario algo más

El Pasado no importa

El Destino en sus manos

Dios estaba con él

Cuando el pasado no pasa

Apenas comenzando

**Libros de Vera Lúcia Marinzeck de Carvalho
y Patricia**

Violetas en la Ventana

Viviendo en el Mundo de los Espíritus

La Casa del Escritor

El Vuelo de la Gaviota

**Vera Lúcia Marinzeck de Carvalho
y Antonio Carlos**

Amad a los Enemigos

Esclavo Bernardino

la Roca de los Amantes

Rosa, la tercera víctima fatal

Cautivos y Libertos

Deficiente Mental

Aquellos que Aman

Cabocla

El Ateo

El Difícil camino de las drogas

En Misión de Socorro

La Casa del Acantilado

La Gruta de las Orquídeas

La Última Cena

Morí, ¿y ahora?

Las Flores de María

Nuevamente Juntos

Libros de Mônica de Castro y Leonel

A Pesar de Todo

Con el Amor no se Juega

De Frente con la Verdad

De Todo mi Ser

Deseo

El Precio de Ser Diferente

Gemelas

Giselle, La Amante del Inquisidor

Greta

Hasta que la Vida los Separe

Impulsos del Corazón

Jurema de la Selva

La Actriz

La Fuerza del Destino

Recuerdos que el Viento Trae

Secretos del Alma

Sintiendo en la Propia Piel

World Spiritist Institute